Anne-Kathrin Melis

Liquiditätsmanagement

Neue Anforderungen an die Kreditinstitute

Bachelor + Master
Publishing

Melis, Anne-Kathrin: Liquiditätsmanagement. Neue Anforderungen an die Kreditinstitute, Hamburg, Diplomica Verlag GmbH 2012
Originaltitel der Abschlussarbeit: Neue Anforderungen an das Liquiditätsmanagement der Kreditinstitute

ISBN: 978-3-86341-487-0
Druck: Bachelor + Master Publishing, ein Imprint der Diplomica® Verlag GmbH, Hamburg, 2012
Zugl. Fachhochschule Trier · Hochschule für Wirtschaft, Technik und Gestaltung, Trier, Deutschland, Bachelorarbeit, Juni 2012

Bibliografische Information der Deutschen Nationalbibliothek:
Die Deutsche Nationalbibliothek verzeichnet diese Publikation in der Deutschen Nationalbibliografie; detaillierte bibliografische Daten sind im Internet über http://dnb.d-nb.de abrufbar.

Die digitale Ausgabe (eBook-Ausgabe) dieses Titels trägt die ISBN 978-3-86341-987-5 und kann über den Handel oder den Verlag bezogen werden.

Inhaltsverzeichnis

Abstract

Das Liquiditätsmanagement ist ein wichtiger Bestandteil der Gesamtbanksteuerung. Das Bewusstsein für den Umgang mit Liquidität hat sich in den letzten Jahren jedoch stark verändert. Vor allem die Finanzkrise im Jahr 2007 hat die mit der Liquidität zusammenhängenden Risiken deutlich gemacht und ein Umdenken in vielerlei Hinsicht vorangetrieben. Insbesondere das so genannte Finanzierungsliquiditätsrisiko im Sinne eines Refinanzierungsrisikos ist hierbei in den Fokus der Betrachtung gerückt. Hierbei handelt es sich um das Risiko, dass die kurzfristige Aufnahme von Liquidität nicht mehr oder nur zu erhöhten Marktpreisen möglich ist. Liquidität wird daher vermehrt aus einer wertorientierten Sichtweise heraus betrachtet. Wie wirken sich Änderungen der Liquiditätsspreads auf die Refinanzierungskosten bei der Liquiditätsbeschaffung und damit auf das Vermögen einer Bank aus? Diese Weiterentwicklung spiegelt sich auch in den veränderten aufsichtsrechtlichen Anforderungen wider. Insgesamt kann man sagen, dass sich das klassische Liquiditätsmanagement über die Jahre hin zu einem Liquiditätsrisikomanagement gewandelt hat.

Abkürzungsverzeichnis

ABS	Asset Backed Securities
Abs.	Absatz
ASF	Available Stable Funding
AT	Allgemeiner Teil
BaFin	Bundesanstalt für Finanzdienstleistungsaufsicht
BIZ	Bank für Internationalen Zahlungsausgleich
BTR	Besonderer Teil (Anforderungen an Risikocontrolling- und Risikosteuerungsprozesse)
bzw.	beziehungsweise
CEBS	Committee of European Banking Supervisors
CRD	Capital Requirements Directive
d.h.	das heißt
EBA	European Banking Authority
ESFS	European Financial Stability Facility
EU	Europäische Union
IIF	Institute of International Finance
IT	Informationstechnik
KWG	Kreditwesengesetz
LCR	Liquidity Coverage Ratio
LiqV	Liquiditätsverordnung
MaRisk	Mindestanforderungen an das Risikomanagement
MBS	Mortgage Backed Securities
Min	Minimum
NSFR	Net Stable Funding Ratio
RSF	Requested Stable Funding
S.	Satz
sog.	so genannt
Tz.	Textziffer
u.a.	unter anderem
vgl.	vergleiche
z.B.	zum Beispiel

Abbildungsverzeichnis

Tabellenverzeichnis

1 Einleitung

Banken sind ein wichtiger Bestandteil der Gesamtwirtschaft. Als Finanzintermediär vermitteln sie zwischen Kreditnehmern und Kreditgebern und erfüllen verschiedene Transformationsfunktionen. So sind sie z.B. durch Fristentransformation in der Lage zumeist langfristige Kredite zu vergeben, obwohl die Laufzeit von hereingenommenen Einlagen tendenziell eher kurzfristig ist.[1] Wann genau jedoch die Zahlungsströme fließen ist trotz gegebenenfalls vorhandener vertraglicher Laufzeiten kaum abschätzbar, da Kunden z.B. vorzeitige Kündigungsrechte geltend machen können. Banken gehen daher ganz bewusst aufgrund ihrer volkswirtschaftlichen Funktion gewisse Liquiditätsrisiken ein. Auf lange Sicht müssen die Zahlungsmittelzu- und Zahlungsmittelabflüsse sich jedoch ausgleichen, denn Liquidität ist eine zwingende Voraussetzung für die Existenz jeglicher Unternehmen und somit auch für Banken. Ein funktionierendes Liquiditätsmanagement zur Sicherstellung der jederzeitigen Zahlungs-fähigkeit ist daher als Teil der Gesamtbanksteuerung unerlässlich.

Der Umgang mit Liquidität befindet sich jedoch seit einigen Jahren in einem ständigen Wandel. Das Liquiditätsrisiko und dessen Steuerung sind vor allem durch die Turbu-lenzen auf dem Finanzmarkt infolge der weltweiten Finanzkrise im Jahr 2007 stärker in den Fokus der Regulierung gerückt. Seit 2008 werden die aufsichtsrechtlichen Anforderungen zum Liquiditätsmanagement daher sukzessive überarbeitet und weiterentwickelt.[2] Um die Veränderungen im Umgang mit Liquidität aufzuzeigen, werden in Abschnitt 2 zu Beginn einige Grundlagen dargestellt. Neben der besonderen Bedeutung des Liquiditätsrisikos für Banken werden zunächst die Anfänge der Liquiditätsüberlegungen im Sinne der klassischen Theorien erläutert. In diesem Zusammenhang werden zudem die Anforderungen aus betriebswirtschaftlicher und aufsichtsrechtlicher Sicht als Rahmenbedingungen für das Liquiditätsmanagement dargestellt. Im dritten Abschnitt wird dann im Folgenden auf die Entwicklungen während und nach der Finanzkrise eingegangen, um darauf aufbauend die neuen Regulierungsentwürfe der Bankenaufsicht vorzustellen. Abschließend werden die möglichen Auswirkungen dieser neuen Regulierungen auf den Bankensektor diskutiert und ein Ausblick auf den möglichen Fortgang der Entwicklungen im Liquiditäts-management gegeben. Inwiefern hat sich das Liquiditätsmanagement insgesamt verändert?

---

[1] Vgl. Hartmann-Wendels, T. / Pfingsten, A. / Weber, M. (2010), S. 2 ff.
[2] Vgl. Ludwig, B. (2010), S. 347.

2 Grundlagen des Liquiditätsmanagements

2.1 Das Liquiditätsrisiko im Bankbetrieb

Als liquide gelten solche Wirtschaftssubjekte, die in der Lage sind, ihren Zahlungs-verpflichtungen fristgerecht und vollständig nachzukommen.[3] Vereinfachend gesagt ist dies der Fall, wenn die vorhandenen Zahlungsmittel dem Zahlungsmittelbedarf in jedem Zeitpunkt mindestens entsprechen, d.h. ein *finanzielles Gleichgewicht* herrscht.[4] Das Risiko besteht in diesem Zusammenhang also darin, dass der tatsächliche Zahlungsmittelbedarf größer ist als geplant. Folgende Gleichung soll diesen Sach-verhalt verdeutlichen[5]:

Zahlungsmittel + Liquidationserlöse + Refinanzierungszuflüsse ≥ Zahlungsmittelbedarf.

Alle diese Komponenten beinhalten jedoch Liquiditätsrisiken, welche die verschie-densten Ursachen und Wirkungszusammenhänge haben können. Daher ist zunächst eine grobe Unterteilung notwendig (vgl. Abbildung 1). So unterscheidet man z.B. zwischen originären und derivativen, d.h. aus anderen Risiken abgeleiteten oder resultierenden Liquiditätsrisiken. Im Folgenden wird jedoch nur kurz auf die wichtigsten Arten der originären Liquiditätsrisiken eingegangen. Diese umfassen das so genannte Liquiditätsanspannungsrisiko[6], das Terminrisiko sowie das Abrufrisiko. Während es sich beim Liquiditätsanspannungsrisiko um eine langfristige strukturelle Komponente des Liquiditätsrisikos handelt, beziehen sich das Termin- und das Abrufrisiko eher auf die kurzfristige Disposition von Liquidität zur Sicherstellung der jederzeitigen Zahlungs-fähigkeit.[7] Das Liquiditätsanspannungsrisiko beschreibt die Gefahr, dass Positionen gar nicht mehr oder nur noch zu sehr ungünstigen Marktpreisen veräußert werden können. Dieses Risiko hat, wie später noch dargestellt, im Zusammenhang mit Verbriefungen eine wichtige Rolle während der Finanzkrise 2007 gespielt. Das Liquiditätsanspannungsrisiko beinhaltet jedoch auch ein Refinanzierungsrisiko im engeren Sinne. Da Banken über einen Zugang zum Geldmarkt verfügen, können sich diese in der Regel kurzfristig mit Liquidität eindecken, sobald ein Zahlungsmittelbedarf entsteht. Hier besteht jedoch das Risiko, dass die kurzfristige Aufnahme von Zahlungsmitteln nicht oder nur noch zu erhöhten Konditionen möglich ist.[8] Beim Terminrisiko handelt es sich um das Risiko, welches vor allem aus nicht fristgerechten Zahlungen resultiert. Das Abrufrisiko hingegen besteht in der Gefahr, dass Kunden

---

[3] Vgl. Schierenbeck, H. / Lister, M. / Kirmße, S. (2008), S. 512.
[4] Vgl. Büschgen, H. E. (1998), S. 895 f.
[5] Vgl. Pohl, M. (2008), S. 10.
[6] Auch Refinanzierungs- oder Substitutionsrisiko.
[7] Vgl. Ludwig, B. (2010), S. 347.
[8] Vgl. Deutsche Bundesbank (2008), S. 60.

unerwartet die ihnen zugesagten Kreditlinien in Anspruch nehmen oder ihre Einlagen vorzeitig abziehen.[9]

Liquiditätsrisiken			
originär			derivativ
Liquiditäts-anspannungs-risiko	Terminrisiko	Abrufrisiko	liquiditätswirksame Erfolgsrisiken

Abbildung 1: Die Einteilung der Liquiditätsrisiken

Quelle: Eigene Darstellung in Anlehnung an Schierenbeck, H. / Lister, M. / Kirmße, S. (2008), S. 514.

Ausreichende Liquidität ist in jedem Unternehmen wichtig und notwendig. Im Bankbetrieb kommt dieser jedoch aufgrund verschiedener Faktoren eine besondere Bedeutung zu. Man unterscheidet hier zwischen exogenen und endogenen Einfluss-faktoren. Während exogene Faktoren aus der besonderen Stellung der Kreditinstitute in der Volkswirtschaft resultieren, entstehen endogene Faktoren durch die besondere Form der bankbetrieblichen Leistungserstellung.[10] Liquiditätsrisiken ergeben sich vor allem aus den verschiedenen Transformationsfunktionen einer Bank.[11] Hierzu zählen insbesondere die Losgrößen- und die Fristentransformation. Die Losgrößentrans-formation beinhaltet die Aufgabe, für eine betragsmäßige Übereinstimmung von Kapitalangebot und -nachfrage auf dem Finanzmarkt zu sorgen. Durch die Fristen-transformation hingegen werden die Zeiträume bzw. Laufzeiten der Kapitalüberlassung und dessen Aufnahme zum Ausgleich gebracht. Ein weiterer Grund für die Besonderheit der Liquidität im Bankbetrieb ist die Notwendigkeit, Zahlungsbegehren von Kunden nahezu zeitlich unbegrenzt und der Höhe nach ungewiss erfüllen zu müssen. Kreditinstitute leben vor allem vom Vertrauen ihrer Kunden. Würden sie Zahlungsaufforderungen nicht unverzüglich nachkommen, kann dies die Kunden an deren Vertrauenswürdigkeit zweifeln lassen (sog. Reputationsrisiko). Schlimmstenfalls kann es hierdurch zu einem so genannten „Bank Run" kommen. Hierunter versteht man den plötzlichen Abzug aller Einlagen bei Fälligkeit oder gegebenenfalls auch früher. Nach dem Prinzip einer „Self Fullfilling Prophecy" kann die Bank dadurch tatsächlich in einen Liquiditätsengpass geraten.[12]

---

[9] Vgl. Biro, J. / Krapf, W. / Mayländer, R. (2009), S. 438.
[10] Vgl. Büschgen, H. E. (1998), S. 897 f.
[11] Zur Erklärung für die Existenz von Banken siehe Modell von Diamond (1984): „Financial Intermediation and Delegated Monitoring".
[12] Vgl. Pohl, M. (2008), S. 30 f.

Alle diese Beispiele machen deutlich, wie wichtig die Steuerung von Liquiditätsrisiken als Teil des Bankmanagements ist. Als grundlegend hierfür ist jedoch das Liquiditäts-management an sich zu sehen, welches die Aufgabe hat sicherzustellen, dass das Kreditinstitut jederzeit in der Lage ist, seinen Zahlungsverpflichtungen fristgerecht nachzukommen.[13]

2.2 Die klassischen Liquiditätstheorien als Ausgangspunkt

Um die grundlegenden Ideen hinter den heutigen Methoden des Liquiditätsmanage-ments zu verstehen ist es wichtig, die klassischen Liquiditätstheorien zu kennen. Sie bilden die Basis im ständigen Weiterentwicklungsprozess und werden daher im Folgenden kurz dargestellt.

Ein erster Ansatz zur Liquiditätsausstattung von Banken wurde bereits im Jahr 1854 vom Statistiker und Volkswirt O. Hübner formuliert: *„Der Credit, welchen eine Bank geben kann, ohne Gefahr zu laufen, ihre Verbindlichkeiten nicht erfüllen zu können, muß nicht nur im Betrage, sondern auch in der Qualität dem Credite entsprechen, welchen sie genießt.“[14]* Diese so genannte **Goldene Bankregel** verlangt von den Banken eine vollständige Fristenkongruenz, d.h. Aktiv- und Passivgeschäfte müssen hinsichtlich Betrag und Qualität identisch sein. Mit Qualität ist hier insbesondere die Fristigkeit gemeint.[15] Bilanziell gesehen würde sich diese Forderung wie in Abbildung 2 dargestellt auf das Bankgeschäft auswirken. Sichteinlagen und andere täglich fällige Gelder müssten entweder durch das Kassenvolumen oder andere sofort verfügbare Vermögensgegenstände gedeckt sein. Bei den Sichteinlagen handelt es sich insbeson-dere um Guthaben der Kunden auf Girokonten, über welches der Kunde täglich im Rahmen seines Guthabens verfügen kann. Ein Kredit mit sechsmonatiger Laufzeit müsste demnach durch eine Verbindlichkeit über sechs Monate finanziert sein. Hierbei könnte es sich z. B. um eine Kundeneinlage in Form eines Festgeldes mit einer entsprechenden Laufzeit handeln. Langfristige und somit risikoreichere Anlagen wie beispielsweise Immobilien als Sachanlagen müssten durch Eigenkapital finanziert werden.

---

[13] Vgl. Deutsche Bank (o.J.).
[14] Vgl. Hübner, O. (1854), S. 28.
[15] Vgl. Pohl, M. (2008), S. 41.

4

Aktiva	Passiva
Kasse und täglich fällige Aktiva	Sichteinlagen und andere täglich fällige Gelder
kurzfristige Anlagen (geordnet nach Selbstliquidationsdauer)	befristete Einlagen (geordnet nach Restlaufzeiten)
langfristige Anlagen	Eigenkapital

Abbildung 2: Bilanzbild nach Anwendung der Goldenen Bankregel

Quelle: Eigene Darstellung in Anlehnung an Pohl, M. (2008), S. 41.

Es gibt jedoch einige Kritik im Hinblick auf die Goldene Bankregel. Wenn die Bank nach dieser Empfehlung handeln würde, so könnte sie den verschiedenen Bedürfnissen der Kunden nicht mehr gerecht werden. Eine vollständige Fristenkongruenz würde bedeuten, dass Kredite nur mit Laufzeiten vergeben werden können, für die Kunden der Bank Einlagen zur Verfügung gestellt haben. Dass Kapitalangebot und Kapitalnachfrage in diesem Zusammenhang jemals genau übereinstimmen ist jedoch sehr unwahrscheinlich. Um den unterschiedlichen Wünschen der Kunden nachkommen zu können, muss eine Bank also zwangsweise Fristentransformation betreiben. Zudem hat sich gezeigt, dass eine vollständige Fristenkongruenz von Aktiv- und Passivseite auf Grund verschiedener anderer Refinanzierungsmöglichkeiten[16] überhaupt nicht notwendig und somit ökonomisch keinesfalls sinnvoll ist. Des Weiteren werden selbst durch diese restriktiv wirkende Bedingung nicht alle Aspekte des Liquiditätsrisikos abgesichert. So besteht weiterhin das Risiko, dass Zahlungen nicht fristgerecht eingehen (Terminrisiko) oder Einlagen vorzeitig abgezogen werden. Außerdem werden sowohl Aktiv- als auch Passivgeschäfte, d.h. Einlagen und Kredite oft verlängert.[17] Insbesondere Sichteinlagen verbleiben trotz der täglichen Fälligkeit in der Regel länger als einen Tag auf dem Konto. Dieser Ansatz sowie die genannten Kritikpunkte haben zur Entwicklung der so genannten Bodensatztheorie geführt.

Die **Bodensatztheorie** basiert auf der Annahme, dass bei Einlagen ein gewisser Bodensatz unabhängig von deren formaler Laufzeit langfristig zur Verfügung steht. Sie geht auf den deutschen Ökonom und Finanzwissenschaftler A. Wagner zurück.[18] Anhand von Erfahrungswerten, aber auch statistisch lässt sich zeigen, dass durch die Gewohnheiten der Bankkunden im Umgang mit ihren Sichteinlagen in der Regel ein gewisser Sockel der Guthaben im Besitz des Kreditinstituts verbleibt. So gleichen sich

---

[16] Vgl. Moch, N. (2007), S. 54 Tabelle 6.
[17] Vgl. Hartmann-Wendels, T. / Pfingsten, A. / Weber, M. (2010), S. 469.
[18] Vgl. Wagner, A. (1857), S. 162 ff.

z.B. Auszahlungen durch Einzahlungen anderer Kunden aus (Kompensation), oder Kunden verfügen zumindest nicht komplett über fällige Gelder, d.h. sie werden implizit verlängert (Prolongation).[19] Im Rahmen dieses Bodensatzes kann die Bank also eine Fristentransformation durchführen, d.h. diese formal täglich fälligen Gelder können langfristiger angelegt werden, beispielsweise in Form von Kreditvergaben. Das Kreditinstitut kann diesen Bodensatz also ertragreicher anlegen und so die Rentabilität steigern. Die sonstigen Einlagen sollten immer durch Barvermögen bzw. täglich fällige Aktiva gedeckt sein, da diese stets verfügbar sein müssen.

Als problematisch stellt sich jedoch die Ermittlung dieses Bodensatzes dar, welcher als Prozentsatz des aktuellen Einlagenvolumens angenommen wird.[20] Schwankungen des ermittelten und somit zur längerfristigen Anlage verwendeten Bodensatzes stellen wiederum ein Risiko dar. Hinzu kommt auch hier das Abrufrisiko. Insbesondere im Krisenfall kann sich das Verhalten der Einleger stark verändern, sodass auch der sonst üblicherweise bestehende Bodensatz plötzlich abgezogen wird und das Kreditinstitut in Liquiditätsprobleme gerät ("Bank Run"). Die Theorie lässt zudem weitere Möglichkeiten der Generierung von Liquidität sowie die Bedeutung des Eigenkapitals außer Acht.[21] Der Grundgedanke der Bodensatztheorie hat dennoch große praktische Bedeutung. Das Prinzip findet seinen Niederschlag noch heute in der Liquiditätsverordnung (LiqV).

Die **Shiftability Theorie** (oder Realisationstheorie) stellt wiederum eine Erweiterung der Bodensatztheorie dar. Sie greift den Aspekt auf, dass Liquidität auch durch die kurzfristige Veräußerung von Aktiva generiert werden kann. Entwickelt wurde diese Theorie im Jahr 1879 von K. Knies. Der Grad der Fristentransformation ist hierbei abhängig vom Wert und der Liquidierbarkeit der Aktiva. Wichtige Faktoren hierfür sind zum einen das Vorhandensein eines aufnahmefähigen Marktes für die jeweilige Vermögensposition und zum anderen die eventuell vorhandenen Transaktionskosten bei der Veräußerung. Leicht liquidierbare Aktiva sind z.B. börsennotierte Wertpapiere. Sie sind börsentäglich veräußerbar und werden daher auch in der LiqV zum Teil als Zahlungsmittel angesehen.[22] Viele Aktiva können jedoch nur mit Abschlägen veräußert werden. Das hierbei bestehende Risiko über die Unsicherheit des Marktwertes bezeichnet man als Marktpreisrisiko.

Während die vorangehend dargestellten Theorien nach dem Going-Concern-Prinzip[23] von einem mehr oder weniger normalen fortlaufenden Geschäftsbetrieb ausgehen,

---

[19] Vgl. Biro, J. / Krapf, W. / Mayländer, R. (2009), S. 209.
[20] Vgl. Hartmann-Wendels, T. / Pfingsten, A. / Weber, M. (2010), S. 470.
[21] Vgl. Eilenberger, G. (2011), S. 165.
[22] Vgl. Hartmann-Wendels, T. / Pfingsten, A. / Weber, M. (2010), S. 470 f.
[23] Auch Fortführungsprinzip oder Grundsatz der Unternehmensfortführung.

konzentriert sich die im Jahr 1959 von W. Stützel entwickelte **Maximalbelastungs-theorie** auf den Extremfall eines „Bank Runs".[24] Man bezeichnet diese Theorie daher auch als Insolvenztheorie.[25] Der Bodensatz tendiert in einem solchen Fall gegen Null. Stützel geht wie auch die Begründer der Shiftability Theorie davon aus, dass Aktiva kurzfristig veräußert werden können, um so benötigte liquide Mittel zu schaffen. Da er jedoch von einer maximalen Belastung der Liquidität ausgeht, ergänzt er die Theorie um die Überlegung, dass der Verkauf der Aktiva in einer solchen Situation nur noch mit erheblichen Abschlägen erfolgen kann. Diese so genannten Liquiditätsdisagios vermindern die Aktiva und werden dann den Einlagen gegenübergestellt. Stützel formulierte die Forderung der Maximalbelastungstheorie folgendermaßen: *„Die Summe der Verluste, die bei einer derartigen vorzeitigen Abtretung gewisser Aktiva hin-genommen werden müssen, darf nie größer sein als das Eigenkapital."*[26] Wichtig ist bei diesem Ansatz also nicht die Übereinstimmung der verschiedenen Fristigkeiten auf der Aktiv- und Passivseite, sondern dass der Liquidationswert der Aktiva die Einlagen deckt. Die erwarteten Abschläge müssen dabei durch Eigenkapital gedeckt werden. Eine Fristentransformation ist auch hier also möglich, solange für etwaige Verluste Eigenmittel vorgehalten werden. Dennoch kann es auch hier zu Liquiditätsproblemen kommen, wenn es z.B. zu einem unerwartet starken Verfall der Marktpreise kommt.

2.3 Die betriebswirtschaftlichen Anforderungen

Als traditionelle Oberziele eines Kreditinstituts gelten Rentabilität, Liquidität und Sicherheit (auch „Magisches Dreieck").[27] Ausreichende Liquidität ist wie bereits in Abschnitt 2.1 erläutert eine Notwendigkeit zur Sicherung der Unternehmensexistenz und stellt somit eine unabdingbare Bedingung für das Ziel der Sicherheit dar. Auf der anderen Seite gilt die Gewinnmaximierung in der Regel als Zweck wirtschaftlichen Handelns. Dies steht jedoch in einem Zielkonflikt mit der Liquidität, denn je mehr Mittel ein Unternehmen als Liquiditätsreserve bereithalten muss, desto geringer ist dessen Rentabilität (vgl. Abbildung 3). Es gilt der Grundsatz „Liquidität kostet Geld – Illiquidität die Existenz".[28] Aus betriebswirtschaftlicher Sicht ist es also die Aufgabe des Liquiditätsmanagements gleichzeitig den Ertrag zu optimieren sowie die jederzeitige

---

[24] Vgl. Pohl, M. (2008), S. 45.
[25] Vgl. Betge, P. (1996), S. 226.
[26] Vgl. Stützel, W. (1959) S. 42 ff. zit. nach Hartmann-Wendels, T. / Pfingsten, A. / Weber, M. (2010), S. 473.
[27] Vgl. Biro, J. / Krapf, W. / Mayländer, R. (2009), S. 437.
[28] Vgl. u.a. Böhm, R. / Müller, C. / Siegenthaler, C. (2001), S. 223.

Zahlungsbereitschaft aufrechtzuerhalten. Bei der Frage nach der optimalen Liquidität handelt es sich demnach um ein Gleichgewichtsproblem.[29]

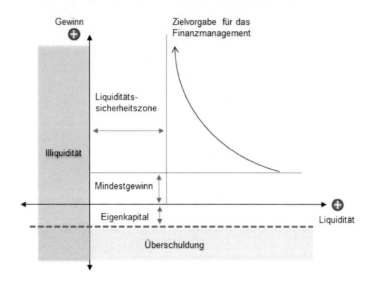

Abbildung 3: Schematischer Zielkonflikt zwischen Gewinn und Liquidität
Quelle: Eigene Darstellung in Anlehnung an Chmielewicz, K. (1988), S. 40.

Würde man der Annahme von Stützel im Rahmen seiner Maximalbelastungstheorie (*„Die Liquidität folgt der Solvenz"*[30]) folgen, so wäre dieses Optimierungsproblem gar nicht gegeben. Nach diesem Ansatz stellt es für ein solventes Unternehmen kein Problem dar, sich jederzeit Liquidität am Interbankenmarkt oder bei der Zentralbank zu beschaffen. In der Praxis erweist es sich jedoch als schwierig eine einwandfreie Bonität stets nach außen hin zu signalisieren. Hierbei geht es insbesondere um das Vertrauen der Einleger, das selbst durch Gerüchte stark negativ beeinflusst werden kann. Auch darf nicht davon ausgegangen werden, dass es sich beim Interbankenmarkt um eine nie versiegende Liquiditätsquelle handelt, denn dieser kam im Laufe der Subprime-Krise durch das enorme Misstrauen der Banken untereinander zeitweilig zum vollständigen Erliegen. In diesem Zusammenhang ist natürlich auch die Frage von Bedeutung, zu welchem Preis die Liquidität zur Verfügung steht. Dieser Aspekt wird in Kapitel 4.2 noch näher betrachtet.

---

[29] Vgl. Moch, N. (2007), S. 39 ff.
[30] Vgl. Ketzel, E. / Prigge, S. / Schmidt, H. (2001), S. 22.

2.4 Die aufsichtsrechtliche Anforderungen

Wie bereits dargestellt besitzen Kreditinstitute eine gewisse Sonderstellung in der Volkswirtschaft. Das Vertrauen der Kunden spielt hierbei eine besondere Rolle. Es ist daher wichtig, dass die Solvenz der Banken nach außen hin gesichert scheint. Die Bankenaufsicht trägt ihren Teil hierzu bei, indem sie mit Rechtsnormen z.B. die Risikoübernahme der Banken limitiert. Hierzu bestehen quantitative und qualitative Regelungen. Erstere beinhalten die Einhaltung bestimmter Kennziffern, die auf internen oder externen Daten basieren. Qualitative Regelungen hingegen enthalten Vorgaben über die Qualität von Strukturen und Prozessen im Unternehmen.[31] Der Trend geht mittlerweile hin zu einer stärker qualitativen Regulierung. Die Verflechtungen der Banken untereinander können zudem zu Ansteckungseffekten führen, sodass das gesamte Bankensystem destabilisiert wird. Da ein funktionsfähiges Bankensystem jedoch einen wichtigen Teil zum gesamtwirtschaftlichen Wohlstand beiträgt, ist eine staatliche Aufsicht und Regulierung in diesem Bereich unerlässlich. Zu den wichtigsten Zielen der Bankenaufsicht zählen der Gläubiger- sowie der Systemschutz. Der Gläubigerschutz soll für die „Sicherheit der den Instituten anvertrauten Vermögenswerte"[32] sorgen. Er dient als Mittel zum Zweck für den Systemschutz, welcher das Vertrauen gegenüber den Banken stärken und dadurch die Stabilität des Bankensektors gewährleisten soll.[33]

Das zentrale Organ der Bankenaufsicht in Deutschland stellt die Bundesanstalt für Finanzdienstleistungsaufsicht (BaFin) mit Sitz in Bonn dar. Diese übt ihre Aufgaben in Zusammenarbeit mit der Deutschen Bundesbank aus. Die Bundesbank übernimmt bei dieser Aufgabenteilung insbesondere die laufende Überwachung der Kreditinstitute sowie die Auswertung der von den Instituten regelmäßig einzureichenden Berichte. Des Weiteren prüft sie, ob deren Eigenkapitalausstattung und Risikosteuerungsverfahren angemessen sind.[34] Die BaFin beaufsichtigt als deutsche Allfinanzaufsicht neben Banken auch sonstige Finanzdienstleister, Versicherer und den Wertpapierhandel mit dem Ziel, die Funktionsfähigkeit und Stabilität des deutschen Finanzmarktes zu sichern. Im Rahmen der Bankenaufsicht überprüft sie, ob es sich bei den Instituten um zugelassene Unternehmen mit fachlich geeigneten und zuverlässigen Vorständen handelt. Außerdem überwacht sie die Einhaltung der gesetzlichen und aufsichtsrechtlichen Regulierungen. Die BaFin ist in diesem Zusammenhang jedoch grundsätzlich nicht dafür verantwortlich Insolvenzen von Banken zu verhindern. Für diesen Fall gibt

---

[31] Vgl. Moch, N. (2007), S. 20 f.
[32] Vgl. § 6 Abs. 2 KWG.
[33] Vgl. Stober, R. (2007), S. 542.
[34] Vgl. § 7 Abs. 1 KWG.

es Einrichtungen zur Einlagensicherung, die den Gläubigerschutz gewährleisten. Sie hat jedoch Eingriffsmöglichkeiten, wenn die Schieflage eines Kreditinstitutes die Stabilität des gesamten Finanzsystems zu gefährden droht.[35]

Grundlage sämtlicher Normen im Bankensektor ist auf deutscher Ebene das Kreditwesengesetz (KWG). Als Orientierungshilfe für die jeweiligen nationalen Vor-schriften dienen regelmäßig die Empfehlungen des Baseler Ausschusses für Bankenaufsicht. Dieser setzt sich zusammen aus Vertretern der Zentralbanken und Aufsichtsbehörden von mittlerweile 27 Ländern. Seinen Sitz hat er bei der Bank für Internationalen Zahlungsausgleich (BIZ) in Basel.[36]

2.4.1 Die Liquiditätsverordnung (LiqV)

Da das KWG lediglich einen gesetzlichen Rahmen bildet, werden dessen Anforderungen durch Verordnungen näher ausgelegt bzw. konkretisiert. So verlangt § 11 Abs. 1 S. 1 KWG von den Kreditinstituten ihre Mittel so anzulegen, dass eine ausreichende Zahlungsbereitschaft, d.h. Liquidität jederzeit gewährleistet ist. Was genau jedoch hierunter zu verstehen ist, wird in der Verordnung über die Liquidität der Institute (Liquiditätsverordnung, LiqV) näher festgelegt. Diese trat am 1. Januar 2007 in Kraft und hat den bis dahin geltenden Grundsatz II ersetzt. Neu war insbesondere die so genannte „Öffnungsklausel" des § 10 LiqV, welche erstmalig unter bestimmten Voraussetzungen auch die bankaufsichtliche Nutzung von internen Modellen zur Liquiditätsrisikomessung und -steuerung ermöglichte.[37] Die LiqV enthält in erster Linie quantitative Regelungen zum Liquiditätsrisiko, d.h. es werden Vorgaben an die Menge und die Zusammensetzung der Liquidität der Kreditinstitute gestellt. Der Nachweis ausreichender Liquidität in diesem Sinne kann durch die Ermittlung der Liquiditätskennzahl nach dem Standardansatz oder durch den Einsatz interner Modelle erfolgen,[38] sofern die Voraussetzungen des § 10 Abs. 3 LiqV gegeben sind. Hiernach muss das interne Verfahren eine adäquate laufende Ermittlung und Überwachung des Liquiditätsrisikos gewährleisten sowie die Liquiditätslage eingehender und angemessener darstellen als der Standardansatz.[39] Zur Ermittlung der Kennzahlen im Rahmen des Standardansatzes der LiqV werden je nach Laufzeit verschiedene Laufzeitbänder betrachtet (vgl. Abbildung 4). Die LiqV definiert außerdem, was genau unter Zahlungs-

---

[35] Vgl. Bundesanstalt für Finanzdienstleistungsaufsicht (2012a), S. 2.
[36] Vgl. o.V. (2012): Baseler Ausschuss.
[37] Vgl. Deutsche Bundesbank (o.J./a).
[38] Vgl. u.a. Abicht, R. (2010), Kapitel 4.3 S. 2.
[39] Vgl. u.a. Abicht, R. (2010), Kapitel 4.3 S. 7 bzw. § 10 Abs. 3 LiqV.

mitteln und Zahlungsverpflichtungen zu verstehen ist bzw. was als solche angerechnet werden darf.[40]

Laufzeitband 1	Laufzeitband 2	Laufzeitband 3	Laufzeitband 4
Täglich fällig **bis 1 Monat**	> 1 Monat bis 3 Monate	> 3 Monate bis 6 Monate	> 6 Monate bis 12 Monate
Liquiditätskennzahl: $\dfrac{Zahlungsmittel}{Zahlungsverpflichtungen} \geq 1$	**Beobachtungskennzahlen**		

Abbildung 4: Die Einteilung der Laufzeitbänder

Quelle: Eigene Darstellung in Anlehnung an u.a. Abicht, R. (2010), Kapitel 4.3 S. 3.

Der Fokus der LiqV liegt grundlegend auf der kurzfristigen Liquidität, also auf einem Zeithorizont von einem Monat. Hierzu wird die Liquiditätskennzahl bestimmt, welche das Verhältnis von Zahlungsmitteln zu Zahlungsverpflichtungen angibt. Die Kennzahl ist monatlich im Voraus an die Deutsche Bundesbank zu melden.[41] Nach § 2 Abs. 2 LiqV gilt die Liquidität eines Kreditinstitutes demnach als ausreichend, wenn die zu ermittelnde Liquiditätskennzahl den Wert eins nicht unterschreitet, d.h. die vorhandenen und innerhalb des nächsten Monats fälligen Zahlungsmittel die in diesem Zeitraum fällig werdenden Zahlungsverpflichtungen decken (vgl. Abbildung 4)[42] Der Beschränkung auf einen Zeithorizont von einem Monat (Laufzeitband 1) liegt die Überlegung zugrunde, dass sich ein solventes und ertragsstarkes Kreditinstitut mittel- bis langfristig durch Kapitalaufnahme bzw. Veräußerung von Vermögen immer Liquidität beschaffen kann.[43] Problematisch ist demnach nur die kurzfristige Versorgung mit Liquidität, da die Gefahr von Liquiditätsengpässen durch unerwartete Ereignisse oder besondere Marktgegebenheiten hier größer ist.

Auch der darüber hinaus liegende Zeitraum über einem Monat bis zu einem Jahr unterliegt jedoch der Beobachtung durch die Bankaufsicht. Hierzu sind die so genannten Beobachtungskennzahlen zu ermitteln.[44] Diese geben Hinweise auf die zukünftige Liquiditätssituation in den jeweiligen Zeiträumen des zweiten bis vierten Laufzeitbandes. Die Berechnung erfolgt analog der Liquiditätskennzahl, mit dem Unterschied, dass Liquiditätsüberschüsse in einem Laufzeitband dem nachfolgenden Laufzeitband angerechnet werden können.[45] Die erfolgende Gegenüberstellung von

---

[40] Vgl. §§ 3 und 4 LiqV.
[41] Vgl. Moch, N., S. 25.
[42] Vgl. § 2 Abs. 1 S. 2 LiqV.
[43] Vgl. u.a. Abicht, R. (2010), Kapitel 4.3 S. 2.
[44] Vgl. § 2 Abs. 2 LiqV.
[45] Für ein Berechnungsbeispiel siehe Anhang 1.

Zahlungsmitteln und Zahlungsverpflichtungen entsprechend ihren Restlaufzeiten wird auch als Maturity-Mismatch-Approach bezeichnet.[46] Im Gegensatz zur Liquiditäts-kennzahl gibt es bei diesen Kennzahlen keine Mindestanforderung an deren Höhe. Die Beobachtungskennzahlen haben lediglich informativen Charakter.[47]

An den momentan geltenden Regelungen zur Liquiditätsausstattung der Kreditinstitute gibt es jedoch eine Reihe von Kritikpunkten. So werden zur Berechnung der Liquiditätskennzahl künftige Ein- und Auszahlungen geschätzt, womit natürlich eine große Unsicherheit verbunden ist. Zudem werden nicht alle zu erwartenden Zahlungs-ströme berücksichtigt.[48] Des Weiteren handelt es sich um ein statisches Konzept, da nur Bilanzpositionen betrachtet werden. Dadurch werden mögliche zukünftige Zahlungszu- bzw. -abflüsse aus außerbilanziellen Geschäften, wie Swaps, Futures, Optionen und Kreditderivaten komplett außer Acht gelassen, obwohl diese in der Praxis oft einen Großteil der Bilanzsumme ausmachen. Zudem bringt der Fokus auf einen Zeitraum von einem Monat Nachteile mit sich. Durch diese Festlegung bleibt z.B. die sehr kurzfristige Liquiditätssituation (Tageshorizonte) unberücksichtigt.[49]

2.4.2   Die Mindestanforderungen an das Risikomanagement (MaRisk)

Wie auch die LiqV stellen die Mindestanforderungen an das Risikomanagement (MaRisk) eine Konkretisierung der Vorgaben des KWG dar. Anders als die LiqV sind diese Vorgaben jedoch von qualitativer Natur. Es werden also Anforderungen an die Qualität bestimmter Vorgänge oder Organisationsstrukturen gestellt. Das bedeutet auch, dass die Festlegung der Geschäftsorganisation und des Risikomanagements unter Berücksichtigung der individuellen Risikotragfähigkeit des jeweiligen Kredit-institutes erfolgen soll. So hängt deren Ausgestaltung nach § 25a Abs. 1 KWG insbesondere von Art, Umfang, Komplexität und Risikogehalt der Geschäftstätigkeit ab. Grundlage der MaRisk ist § 25a KWG, wonach eine Bank über eine ordnungsgemäße Geschäftsorganisation verfügen muss, welche die Einhaltung der von den Instituten zu beachtenden gesetzlichen Bestimmungen gewährleistet. Dies beinhaltet insbesondere ein angemessenes und wirksames Risikomanagement. Die Vorgaben des KWG setzen wiederum die so genannte 2. Säule des Basel II Rahmenwerks in deutsches Recht um.[50] In diesem Rahmenwerk wurde das Liquiditätsrisikomanagement erstmalig

---

[46] Vgl. Eilenberger, G. (2012), S. 83.
[47] Vgl. Pohl, M. (2008), S. 61.
[48] Vgl. Hartmann-Wendels, T. / Hellwig, M. / Jäger-Ambrozewicz, M. (2010), S. 20.
[49] Vgl. Hartmann-Wendels, T. / Pfingsten, A. / Weber, M. (2010), S. 492 f.
[50] Unter dem Begriff Basel II versteht man die im Juni 2004 vom Baseler Ausschuss für Bankenaufsicht

explizit berücksichtigt. Es wird daher bereits als Beginn des Wandels in der Bedeutung des Liquiditätsmanagements gesehen.[51] Das Thema Liquidität ist somit bereits vor der Finanzkrise 2007 langsam in den Fokus der Regulierungen gerückt.

Auf Basis dieses Baseler Rahmenwerks wurden die MaRisk erstmals im Jahr 2005 als Rundschreiben der BaFin veröffentlicht. Eine erste Überarbeitung erfolgte im August 2009, welche bereits erste Erkenntnisse aus der Finanzkrise aufgriff. Eine dritte Novellierung erfolgte am 15. Dezember 2010 durch das Rundschreiben 11/2010 (BA), die bis zum Jahresende 2011 von den Kreditinstituten umgesetzt werden musste. Den Schwerpunkt der Änderungen der MaRisk stellten umfassende Anforderungen an die Ausgestaltung der Geschäfts- und Risikostrategie dar. Des Weiteren wurde verstärkten Wert auf die Analyse individueller Risiken und deren Konzentration sowie die Durchführung von Stresstests gelegt.[52] Zudem wurden die Anforderungen nun für kapitalmarktorientierte Institute und alle anderen Institute differenziert betrachtet.[53] Grundlage der Anpassungen stellten die vom Baseler Ausschuss im September 2008 veröffentlichten „Prinzipien für ein solides Liquiditätsrisikomanagement und deren Aufsicht" dar.[54] Hierbei handelt es sich um 17 Grundsätze, die die zentralen Elemente eines wirksamen Liquiditätsmanagement aufzeigen. Diese befassen sich u.a. mit der Messung und Überwachung des Liquiditätsrisikos sowie dessen Offenlegung. In diesem Zusammenhang wird auch die Rolle der Aufsicht beschrieben. Die Prinzipien sind nach dem Proportionalitätsgrundsatz gestaltet, d.h. die Institutsgröße sowie die Art und Komplexität der Geschäftsaktivitäten werden bei der Anwendung berücksichtigt.[55] Am 26. April 2012 hat die BaFin einen weiteren Überarbeitungsentwurf der MaRisk veröffentlicht und zur Konsultation gestellt.[56]

---

verabschiedete Eigenkapitalvereinbarung „Internationale Konvergenz der Kapitalmessung und Eigen-kapitalanforderungen". Die wesentlichen Ziele dieser Vereinbarung werden meist anhand eines Drei-Säulen-Modells dargestellt. Hiernach wird unterschieden zwischen Regelungen zur Mindesteigen-kapitalausstattung, dem bankaufsichtlichen Überprüfungsprozess und einer Erweiterung der Offenle-gungspflichten; Vgl.Grill, H. / Perczynski, H. (2009), S. 529.

[51] Vgl. Ramke, T. / Schöning, S. (2008), S. 18.
[52] Vgl. o.V. (2010a), ohne Seitenangabe.
[53] Vgl. Angermüller, O. (2011), ohne Seitenangabe.
[54] Im Original: Principles for Sound Liquidity Risk Management and Supervision.
[55] Vgl. Basel Committee on Banking Supervision (2008), S. 3 ff.
[56] Vgl. Bundesanstalt für Finanzdienstleistungsaufsicht (2012b), ohne Seitenangabe.

3 Neue Herausforderungen

3.1 Liquidität in der Finanzkrise

Die Finanzkrise oder auch Subprime-Krise 2007 nahm ihren Ursprung bereits einige Jahre vor ihrem konkreten Ausbruch. So stand an deren Anfang eine rasante Entwicklung auf dem US-Immobilienmarkt. Stetig steigende Immobilienpreise und dauerhaft niedrige Zinsen machten eine Investition in Immobilien überaus attraktiv. Viele Menschen nahmen dies zum Anlass sich den amerikanischen Traum von den eigenen vier Wänden zu verwirklichen. Die Vergabe von Hypothekenkrediten stieg, denn das finanzierte Haus als Sicherheit schien aufgrund der steigenden Immobilien-preise nahezu risikolos.[57] Es war gängige Praxis, dass die Hypotheken-banken die Forderungen aus diesen Krediten zu einem Pool zusammenfassten und verbrieften. Hierdurch wurden Wertpapiere geschaffen, die einen Anspruch auf Zahlungen aus diesen Forderungen begründeten (sog. Mortgage Backed Securities, MBS[58]). Diese Wertpapiere wurden schließlich weltweit gehandelt. Durch dieses Vorgehen konnten zum einen die mit der Immobilienfinanzierung verbundenen Risiken an Dritte weitergegeben, und zum anderen Liquidität zur weiteren Kreditvergabe geschaffen werden. Prinzipiell ist dieses Vorgehen grundsätzlich nicht negativ zu bewerten, solange bestimmte Mindestanforderungen bezüglich der Hypotheken-schuldner be-stehen. Diese Standardanforderungen wurden auch unter dem Begriff „Prime Mortgages" zusammengefasst.[59] Da dieser Markt jedoch zunehmend gesättigt wurde während der Immobilienmarkt weiter boomte, nahmen diese Anforderungen mehr und mehr ab. Bald konnte nahezu jeder einen Hypothekenkredit aufnehmen, egal ob er arbeitslos war oder keinerlei Eigenmittel vorweisen konnte (sog. Ninja Loans – no income, no job, no assets). Dies führte wiederum zu einem weiteren Anstieg der Immobilienpreise. Auch diese so genannten „Subprime Mortgages" minderer Qualität wurden verbrieft und durch verschiedene Finanzinstrumente weltweit gehandelt. Obwohl die verbrieften Forderungen eine geringe Qualität aufwiesen, hatten die Verbriefungen ein gutes Rating.[60] Zudem wurden die daraus entwickelten Finanz-instrumente zunehmend intransparent, da verschiedene Forderungspools wiederum zusammengefasst und auch verbrieft wurden. Problematisch wurde die Situation schließlich durch den Anstieg der Zinsen ab 2005 (siehe Anhang 2). Die Hypotheken-

---

[57] Vgl. Fiedler, R. (2008), ohne Seitenangabe.

[58] Hypotheken gesicherte Wertpapiere als Unterform der allgemein forderungsbesicherten Wertpapiere, sog. Asset Backed Securtities (ABS).

[59] Vgl. Hartmann-Wendels, T. / Hellwig, M. / Jäger-Ambrozewicz, M. (2010), S. 27.

[60] Aufgrund der starken Diversifikation handelte es sich um scheinbar sichere Wertpapiere. Dem ist jedoch der Grundsatz „keine Rendite ohne Risiko" entgegenzusetzen. Eine Bündelung von Krediten minderer Qualität ergibt noch lange kein geringes Risiko.

kredite verteuerten sich und die Nachfrage nach Immobilien ging zurück, wodurch letztlich auch die Immobilienpreise langsam sanken. Aufgrund der gestiegenen Zinsen kam es im Subprime-Segment zu ersten Ausfällen, da die Kreditnehmer nicht mehr in der Lage waren, ihre Schulden zu bedienen. Die Raten stiegen auch bei bereits bestehenden Krediten an, da in den USA überwiegend variable Zinssätze vereinbart wurden. Die vermehrten Forderungsausfälle führten wiederum zu einem enormen Wertverlust der hypothekengesicherten Wertpapiere bzw. Verbriefungen. Durch diesen Marktpreisverfall verloren viele Banken schlagartig an Liquidität. Die Immobilien- und Hypothekenkrise mündete schließlich in eine internationale Bankenkrise. Verbriefungen konnten gar nicht mehr oder nur noch mit extrem hohen Abschlägen verkauft werden. Es mussten teilweise Abschreibungen in Milliardenhöhe vorgenommen werden. Durch den plötzlichen Liquiditätsverlust gerieten viele Kreditinstitute in Schieflage. Zwar pumpten die Notenbanken Milliarden in den Finanzmarkt, doch die Lage verbesserte sich dadurch kaum. Der Interbankenmarkt kam zeitweise nahezu zum Erliegen. Keine Bank wollte der anderen noch Geld leihen, da niemand mehr auf deren Rückzahlungsfähigkeit vertrauen konnte. Einige Institute wurden infolgedessen insolvent. Vermeintlicher Höhepunkt war die Pleite der Bank Lehman Brothers im Jahr 2008. Aufgrund der bis dato viel zu wenig beachteten Verflechtung der Banken untereinander hatte dies Auswirkungen auf den gesamten Finanzsektor weltweit. Noch heute kämpfen der Finanzsektor, und sogar ganze Länder mit den Folgen dieser Krise.

3.2 Die neuen Baseler Liquiditätsanforderungen

Trotz Einhaltung der Liquiditätskennzahl gemäß der LiqV sahen sich viele Banken mit Liquiditätsproblemen konfrontiert. Es wurde deutlich, wie wichtig die ausreichende Liquidität der Kreditinstitute nicht nur für den Bankensektor, sondern auch für die allgemeine Funktionsfähigkeit der Finanzmärkte ist.[61] Vor der Finanzkrise nutzten Banken zunehmend die Finanzmärkte zur Finanzierung ihrer langfristigen Aktiva. Hierzu standen sowohl der Interbankenmarkt, als auch die Märkte für neuartige Finanzinstrumente wie Verbriefungen zur Verfügung. Diese Möglichkeiten der Refinanzierung lösten mehr und mehr die klassische Finanzierung der Banken durch beispielsweise Spareinlagen ab. Problematisch hierbei war jedoch, dass diese Finanzierungsinstrumente sehr viel kürzere Laufzeiten hatten als die traditionelle Finanzierung über das Einlagengeschäft. Wie in Abschnitt 2.2 erläutert steht hierbei ja ein gewisser Bodensatz in der Regel langfristig zur Verfügung. Dadurch stieg mehr und mehr die Bedeutung des so genannten Finanzierungsliquiditätsrisikos. Hierbei handelt

---

[61] Vgl. Basel Committee on Banking Supervision (2010), S. 1.

es sich um das Risiko, dass die kurzfristige Aufnahme von Liquidität nicht mehr oder nur zu erhöhten Marktpreisen möglich ist.[62] Als der Interbankenmarkt aufgrund von gegenseitigem Vertrauensverlust im Verlauf der Finanzkrise nahezu zum erliegen kam, verloren viele Banken eine ihrer wichtigsten Finanzierungsquellen. Es kam dadurch zu großen Liquiditätsengpässen. Ausgehend von der Finanzkrise lässt sich also sagen, dass die Bedeutung des Liquiditätsrisikos im Rahmen der Regulierungen bis dato unterschätzt wurde.[63] Dies gab den Ausschlag für weiterführende Überlegungen zu einer verbesserten und international einheitlicheren Regulierung, die u.a. mit Basel III umgesetzt werden sollen.[64]

Im November 2008 einigten sich daher die Regierungschefs der G20-Länder auf ihrem Gipfel in Washington auf neue Vorgaben zur Stärkung des Finanzsystems. Die Ausgestaltung dieser Vorgaben erfolgte durch den Baseler Ausschuss für Bankenaufsicht, welcher das Regulierungspaket schließlich beschloss und am 16. Dezember 2010 veröffentlichte, nachdem die Staats- und Regierungschefs auf dem G20-Gipfel in Südkorea im Herbst 2010 das Inkrafttreten und die Umsetzung der Regelungen verbindlich vereinbart hatten.[65] Zusammengefasst unter dem Namen Basel III sollen diese Regelungen das bisher gültige Rahmenwerk Basel II umfassend reformieren. Sie sollen insbesondere die im Jahr 2008 veröffentlichten qualitativen Prinzipien des Baseler Ausschusses in quantitativer Hinsicht ergänzen. Die Regelungen müssen bis zum Jahresende in die nationale Gesetzgebung integriert werden, sodass diese am 1. Januar 2013 in Kraft treten können. Da einige neue Anforderungen jedoch einem längeren Umsetzungsprozess bedürfen, gibt es zum Teil Übergangsfristen, die bis ins Jahr 2019 reichen.

Den Kern des neuen Regelwerks bildet eine Überarbeitung der aktuellen Eigenkapital-anforderungen. Die Empfehlungen basieren insbesondere auf zwei großen Ansatzpunkten: Zum einen soll die Zurechenbarkeit von Kapitalinstrumenten (insbesondere von Hybridkapital[66]) zum Kernkapital strenger, und dessen qualitative Zusammensetzung somit deutlich gesteigert werden. Zum anderen soll die Kernkapitalquote, d.h. die Quantität des Kernkapitals erhöht werden.[67] Dies soll die Fähigkeit von Banken steigern, Verluste besser und selbstständiger absorbieren zu können. Neben den Regelungen bezüglich strengerer Eigenkapitalanforderungen beinhaltet der Regelungstext aber auch eine Erweiterung der Risikobetrachtung sowie

---

[62] Vgl. Deutsche Bundesbank (2008), S. 60.
[63] Vgl. Ludwig, B. (2010), S. 347.
[64] Vgl. u.a. Abicht, R. (2010), Kapitel 4.4 S. 1.
[65] Vgl. Deutsche Bundesbank (2011), S. 5.
[66] Hierbei handelt es sich um Fremdkapital mit eigenkapitalähnlichen Eigenschaften (z.B. Stille Einlagen und Genussscheine), das je nach Laufzeit und Bindung als Bestandteil des Kernkapitals anerkannt wird.
[67] Vgl. o.V. (2010b), ohne Seitenangabe.

die Einführung verschiedener Kapitalpuffer und der so genannten Leverage Ratio als Kennziffer für den Verschuldungsgrad eines Instituts. Das Reformpaket enthält jedoch auch einen Liquiditätsteil. Dieser wurde als „Internationale Rahmenvereinbarung über Messung, Standards und Überwachung in Bezug auf das Liquiditätsrisiko"[68] durch den Baseler Ausschuss veröffentlicht. Die Standards sollen weltweit einheitlich angewandt werden. Im Mittelpunkt der internationalen Vorschriften stehen zwei Kennziffern: Die Liquidity Coverage Ration (LCR) als dispositive Kennzahl und die Net Stable Funding Ratio (NSFR) als strukturelle Kennzahl. Daneben sollen die Banken weitere Beobachtungskennzahlen ermittelt, die der Bankenaufsicht einen tieferen Einblick in die Liquiditätssituation der Banken geben sollen.[69]

3.2.1 Die Mindestliquiditätsquote (Liquidity Coverage Ratio, LCR)

Das Ziel der Mindestliquiditätsquote ist es sicherzustellen, dass eine Bank ausreichend erstklassige Liquidität, d.h. einen angemessenen Liquiditätspuffer hält, um ihre Zahlungsfähigkeit in einer erheblichen Stresssituation über mindestens 30 Tage zu gewährleisten. Sie dient daher als Risikomaß und wird wie folgt definiert:

$$\frac{\textit{Bestand an erstklassigen liquiden Aktiva}}{\textit{Gesamter Nettoabfluss von Barmitteln in den nächsten 30 Kalendertagen}} \geq 100\,\%.^{[70]}$$

Die LCR ist vergleichbar mit der Liquiditätskennzahl der LiqV. Der Bestand an erstklassigen liquiden Aktiva soll hier die Nettomittelabflüsse, also die Liquiditätslücke einer Bank decken. Ist der errechnete Wert also größer oder gleich eins, so gilt die Zahlungsfähigkeit des Kreditinstituts als gesichert. Diese Anforderung sollte ununterbrochen erfüllt sein, um im Falle des Ausbruchs einer Liquiditätskrise ein in diesem Sinne ausreichendes Schutzpolster vorweisen zu können.

Als liquide und hochwertig werden solche Vermögenswerte angesehen, die auch während Stressphasen ohne größere Abschläge am Markt liquidiert werden können und möglichst notenbankfähig sind.[71] Solche Vermögenswerte weisen laut Baseler Ausschuss im Allgemeinen verschiedene Merkmale auf. Es wird hier zwischen fundamentalen und marktspezifischen Merkmalen unterschieden. Zu den fundamentalen Merkmalen gehört, dass die Vermögenswerte geringe Kredit- und Marktrisiken

---

[68] Im Original: International framework for liquidity risk measurement, standards and monitoring.
[69] Vgl. u.a. Abicht, R. (2010), Kapitel 4.4 S. 1.
[70] Vgl. Basel Committee on Banking Supervision (2010), S. 4.
[71] Notenbankfähig bedeutet, dass die Vermögenswerte von der Zentralbank bei der Bereitstellung von Innertagesliquidität und Overnight-Fazilitäten akzeptiert werden; Vgl. Basel Committee on Banking Supervision (2010), S. 7 Tz. 24.

beinhalten, sie einfach und schlüssig bewertet werden können, eine geringe Korrelation mit risikobehafteten Aktiva aufweisen und an einer anerkannten Börse notiert sind. Letzteres soll die Transparenz der Vermögenswerte gewährleisten. Marktbezogene Merkmale der erstklassigen liquiden Aktiva sind ein aktiver, relativ großer Markt um so schnell Käufer zu finden und die Präsenz engagierter Marktmacher, die gewährleisten, dass beim Kauf oder Verkauf Notierungen verfügbar sind. Des Weiteren sollte eine geringe Marktkonzentration vorherrschen, da eine diversifizierte Gruppe von Käufern oder Verkäufern am Markt die Verlässlichkeit der Liquidität des Vermögenswertes erhöht. Zu guter Letzt handelt es sich bei erstklassigen hochliquiden Aktiva um Vermögenswerte, die in Krisenzeiten tendenziell eine hohe Nachfrage haben (sog. „Flucht in die Qualität").[72] Man teilt die erstklassigen liquiden Aktiva zudem in zwei Kategorien ein. Als Level 1 - Vermögenswerte gelten höchstliquide Vermögenswerte wie Bargeld, Zentralbankguthaben oder bestimmte risikoarme Staatspapiere. Auf die so genannten Level 2 - Vermögenswerte wird ein allgemeiner Abschlag von 15 % vorgenommen. Aufgrund der angenommenen geringeren Qualität dieser Positionen, dürfen diese maximal 40 % der gesamten erstklassigen liquiden Aktiva ausmachen.[73]

Die gesamten Nettomittelabflüsse definiert der Baseler Ausschuss als die Differenz aus den erwarteten Abflüssen von Barmitteln und den erwarteten Mittelzuflüssen im vorgegebenen Stressszenario während der erste 30 Tage. Die erwarteten Zuflüsse sind hierbei jedoch auf maximal 75 % der erwarteten Zahlungsabflüsse beschränkt. Hierdurch wird ein minimaler Puffer von 25 % der Abflüsse erzwungen[74]:

$$Gesamte\ Nettomittelabflüsse = Abflüsse - Min\ \{Zuflüsse;\ 75\ \%\ der\ Abflüsse\}.[75]$$

Es ist den Banken jedoch nicht erlaubt, einzelne Werte doppelt zu zählen. Werden Vermögenswerte also schon dem Bestand an erstklassigen liquiden Aktiva zugerechnet, dann dürfen sie nicht gleichzeitig zu den Barmittelzuflüssen gezählt werden.[76] Der gesamte Nettoabfluss wird für ein vorgegebenes Szenario berechnet. Simuliert werden marktweite sowie institutsspezifische Schocks[77], bei denen es sich um genau solche Problemsituationen handelt, mit denen sich die Kreditinstitute im Verlauf der Finanzkrise konfrontiert sahen.

---

[72] Vgl. Basel Committee on Banking Supervision (2010), S. 6 Tz. 22.
[73] Vgl. Wagner, C. / Weber, M. (2011), S. 13.
[74] Vgl. Heidorn, T. / Schmaltz, C. / Schröter, D. (2011a), S. 398.
[75] Vgl. Basel Committee on Banking Supervision (2010), S. 13 Tz. 50.
[76] Vgl. Basel Committee on Banking Supervision (2010), S. 13 Tz. 53.
[77] Vgl. Basel Committee on Banking Supervision (2010), S. 4 Tz. 17.

3.2.2 Die strukturelle Liquiditätsquote (Net Stable Funding Ratio, NSFR)

Die strukturelle Liquiditätsquote (Net Stable Funding Ratio, im folgenden NSFR) dient als Ergänzung zur LCR. Sie hat einen Zeithorizont von einem Jahr und soll somit eine langfristig stabile Refinanzierung sicherstellen. In diesem Sinne sollen Vermögens-positionen in Abhängigkeit von ihrer Liquidierbarkeit in einem gewissen Mindestumfang durch langfristig gesicherte stabile Mittel refinanziert werden. Hierdurch soll eine über-mäßige Abhängigkeit von kurzfristig verfügbaren Finanzierungsquellen, insbesondere dem Interbankenmarkt, vermieden werden.[78] Die NSFR wird wie folgt definiert:

$$\frac{Verfügbarer\ Betrag\ stabiler\ Refinanzierung}{Erforderlicher\ Betrag\ stabiler\ Refinanzierung} > 100\ \%.^{[79]}$$

Unter stabiler Refinanzierung sind hier zuverlässige Mittelquellen zu verstehen, die auch unter erheblichen über einen Zeitraum von einem Jahr andauernden Stressbedingungen zur Verfügung stehen. Der verfügbare Betrag stabiler Refinan-zierung (Available Stable Funding, ASF) ergibt sich aus der Summe aller Passiva gewichtet mit ihrem jeweiligen ASF-Faktor. Dieser spiegelt den Stabilitätsgrad der Refinanzierung wider und liegt zwischen 0 % und 100 % (siehe Anhang 3). Die Berechnung der erforderlichen stabilen Refinanzierung (Requested Stable Funding, RSF) erfolgt analog diesem Ansatz mit dem so genannten RSF-Faktor als Gewichtungsfaktor (siehe Anhang 4). Er stellt dar, inwieweit eine Vermögensposition in der vorgegebenen Stresssituation nicht liquidiert werden kann.[80] Das Ergebnis gibt somit den Betrag an, der nach Ansicht der Aufsichtsinstanz mit „stabilen" Mitteln refinanziert werden sollte.[81] Anders als in der LiqV sollen hier auch außerbilanzielle Vermögenswerte berücksichtigt und mit stabiler Refinanzierung unterlegt werden. Wie hoch jedoch der RSF-Faktor für solche Positionen sein sollte, ist noch nicht abschließend geklärt.[82]

Beide Kennzahlen stehen seit 2011 unter der Beobachtung des Baseler Ausschusses. Dieser versucht deren mögliche Auswirkungen auf den Bankensektor mithilfe der halbjährlich durchgeführten „Quantitative Impact Studies" zu analysieren. Im Anschluss an diese Beobachtungsphase wird die LCR ab 1. Januar 2015 verbindlich einzuhalten sein. Die endgültige Einführung der NSFR als Mindeststandard erfolgt voraussichtlich ab 1. Januar 2018 (vgl. Tabelle 1).

---

[78] Vgl. Brzenk, T. / Cluse, M. / Leonhardt, A. (2011), S. 7.
[79] Vgl. Basel Committee on Banking Supervision (2010), S. 28.
[80] Vgl. Brzenk, T. / Cluse, M. / Leonhardt, A. (2011), S. 8.
[81] Vgl. Basel Committee on Banking Supervision (2010), S. 30 Tz. 129.
[82] Vgl. Brzenk, T. / Cluse, M. / Leonhardt, A. (2011), S. 9.

	2011	2012	2013	2014	2015	2016	2017	2018	2019
LCR	Beobachtungsphase				Mindeststandard				
NSFR		Beobachtungsphase						Mindeststandard	

(Jahresangaben: Geltungsbeginn jeweils zum 1. Januar)

Tabelle 1: Zeitplan der Einführung der Kennzahlen

Quelle: Anlehnung an Terliesner, S. (2011), S.10.

3.2.3 Weitere Beobachtungskennzahlen (Monitoring Tools)

Zusätzlich zu den beiden Standards LCR und NSFR fordert der Baseler Ausschuss die Ermittlung vier weiterer Kennzahlen, die die Liquiditätssituation der Banken weitergehend beleuchten sollen. Diese Beobachtungskennzahlen sind jedoch nur als Mindestanforderungen zu sehen, d.h. es wird erwartet, dass die Kreditinstitute darüber hinaus noch weitere Messverfahren entwickeln.[83]

Die **vertragliche Laufzeitinkongruenz** oder Liquiditätsablaufbilanz („Contractual Maturity Mismatch") stellt die Liquiditätszu- und -abflüsse aller bilanziellen und außerbilanziellen Geschäfte entsprechend ihrer Restlaufzeiten gegenüber. Durch diese Gegenüberstellung werden gegebenenfalls vorhanden Liquiditätslücken erfasst, die durch die Fristentransformation der Banken entstehen. Zudem werden verschiedene Szenarien betrachtet, um deren Auswirkungen auf die Liquidität festzustellen.

Eine weitere Kennzahl ist die **Konzentration der Refinanzierung** („Concentration of Funding"). Diese soll die Liquiditätsrisiken abbilden, die aufgrund von Konzentrationen auf der Passivseite entstehen. Betrachtet werden hier insbesondere Gläubiger mit einem Anteil von mehr als 1 % der Gesamtverbindlichkeiten einer Bank, die Konzentration eines bestimmten Produkts und Konzentrationen von Währungen. Die Kennzahl wird jeweils für die verschiedenen Laufzeitbänder ermittelt.

Des Weiteren werden die **verfügbaren unbelasteten Vermögenswerte** („Available Unencumbered Assets") ermittelt. Hierdurch werden den Aufsichtsinstanzen Angaben über den Umfang und wesentliche Merkmale wie z.B. Währung und Standort der lastenfreien Aktiva einer Bank geliefert. Diese sollen als Sicherheit eingesetzt werden können, um gegebenenfalls Kredite an Sekundärmärkten aufzunehmen. Sie sollten zudem für die Einlagefazilitäten der Zentralbanken anrechenbar sein.[84] Die verfüg-

---

[83] Vgl. Brzenk, T. / Cluse, M. / Leonhardt, A. (2011), S. 9.
[84] Vgl. Basel Committee on Banking Supervision (2010), S. 39 Tz. 164.

baren unbelasteten Vermögenswerte sollen die Zahlungsfähigkeit bei kurzfristigen Liquiditätsengpässen gewährleisten.

Die bisher dargestellten Standards müssen nur in einer einzigen Währung erfüllt werden. Da das Halten verschiedener Währungen jedoch auch Risiken beinhaltet ist es wichtig, dass auch „bedeutende" Währungen durch die Banken und deren Aufsicht überwacht werden. Hierzu soll die so genannte **Fremdwährungs-LCR** ermittelt werden. Die Berechnung erfolgt analog der LCR. Eine Währung wird als „bedeutend" eingestuft, wenn die Verbindlichkeiten in dieser Währung 5 % oder mehr der Gesamtverbind-lichkeiten einer Bank ausmachen.[85]

Zuletzt erwartet der Baseler Ausschuss von Banken die **Beobachtung markt-bezogener Größen**. Aktuelle marktweite, finanzsektor-spezifische und bankindividuelle Informationen sollen beobachtet und der Früherkennung von Liquiditätsrisiken dienen.[86]

---

[85] Vgl. Basel Committee on Banking Supervision (2010), S. 41 Tz. 174.
[86] Vgl. u.a. Abicht, R. (2010), Kapitel 4.4 S. 4.

4 Implikationen für Banken

Mit dem neuen Baseler Rahmenwerk „Internationale Rahmenvereinbarung über Messung, Standards und Überwachung in Bezug auf das Liquiditätsrisiko", welches mit dem Rahmenwerk zur Eigenkapitalausstattung der Banken mit dem Begriff Basel III zusammengefasst wird, ist erstmalig eine eigenständige, quantitative und vor allem international einheitliche Regelung zum Liquiditätsrisiko veröffentlicht worden. Das Baseler Rahmenwerk stellt jedoch nur Empfehlungen dar und hat somit zunächst keine Rechtswirkung. Die konkrete Umsetzung der Anforderungen erfolgt auf europäischer Ebene durch die Capital Requirements Directive IV (CRD IV). Die Vorschläge des Rahmenwerks werden hierbei auf zwei Rechtsakte aufgeteilt: Eine in nationales Recht umzusetzende EU-Richtlinie und eine unmittelbar rechtswirksame EU-Verordnung. Der Gesetzesentwurf hierzu soll voraussichtlich im Sommer 2012 verabschiedet werden und zum 1. Januar 2013 in Kraft treten.[87] Der Verordnungsteil wirkt mit Verabschiedung sofort wie nationales Recht für die jeweiligen Mitgliedstaaten. Diese so genannte „Single Book Rule" stellt einen wichtigen Schritt für die Harmonisierung des Aufsichtsrechts in der EU dar. Dies soll in Zukunft gewährleisten, dass Regulierungen EU-weit schneller und vor allem sofort einheitlich geändert werden können. Doch die Ausgestaltung der Verordnung, durch welche die beiden vorangehend dargestellten Kennzahlen umgesetzt werden sollen, lässt an vielen Stellen noch Fragen offen. Die Kennzahlen werden zunächst nur als Beobachtungskennzahlen eingeführt und müssen dann ab 2013 an die nationale Aufsicht gemeldet werden.[88] Abweichend vom Baseler Rahmenwerk steht hierbei jedoch noch in Frage, ob die NSFR überhaupt als verpflichtend einzuhaltende Kennzahl eingeführt werden soll. Hierüber soll erst während der Beobachtungsphase entschieden werden, in der man zunächst die möglichen Auswirkungen auf den Bankensektor analysieren will.[89] Auch hinsichtlich der genauen Ausgestaltung und Berechnung der beiden Kennzahlen herrscht abschließend noch keine Klarheit. Die Festlegung verschiedener Details obliegt letztlich noch der European Banking Authority (Europäische Bankaufsichtsbehörde, EBA). Diese ging am 1. Januar 2011 aus dem Committee of European Banking Supervisors (CEBS) hervor und ist Teil des Europäischen Finanzaufsichtssystems (ESFS) mit Sitz in London. Sie hat vor allem die Aufgabe europaweite Aufsichtsstandards zu entwickeln, um auf diese Weise zur Stabilität des gesamten Finanzsystems beizutragen.[90]

---

[87] Vgl. Cluse, M. / Leonhardt, A. / Zakowski, D. (2011), S. 2 f.
[88] Vgl. Banh, M. / Cluse, M. / Neubauer, P. (2011), S. 11.
[89] Vgl. Cluse, M. / Leonhardt, A. / Zakowski, D. (2011), S. 3.
[90] Vgl. European Banking Authority (o.J.).

Insgesamt lässt sich sagen, dass die Vorschläge des Baseler Ausschusses zu einem Großteil auch auf Gesetzesebene übernommen werden. Banken können daher zwar schon grob abschätzen was auf sie zukommen wird, viele Details sind jedoch noch unklar. Dies stellt für die Banken einen hohen Unsicherheitsfaktor dar. Im Wesentlichen betrifft dies die Umsetzung der NSFR, da diese bisher keine Entsprechung im deutschen Aufsichtsrecht findet. Dadurch wird für die Ermittlung dieser Kennzahl wahrscheinlich ein hoher Implementierungsaufwand für die Kreditinstitute entstehen. Bei der LCR wird dieser Aufwand wesentlich geringer sein, da sie prinzipiell der bereits angewendeten Liquiditätskennzahl der LiqV entspricht. Auch die Umsetzung der dargestellten Beobachtungskennzahlen oder Monitoring-Tools des Rahmenwerks wird als unproblematisch angesehen, da diese größtenteils auf den im September 2008 durch den Baseler Ausschuss veröffentlichten „Sound Principles" beruhen und somit bereits wesentlich in die überarbeiteten MaRisk eingeflossen sind.[91] Im Folgenden werden die möglichen Auswirkungen der Einführung der beiden Kennzahlen auf den Bankensektor diskutiert.

4.1 Mögliche Auswirkungen der Kennzahlen auf die Bilanzstruktur

Die LCR weist in ihrer Konzeption eine starke Ähnlichkeit mit der aktuell noch verwendeten Liquiditätskennzahl der LiqV auf. Vor allem hinsichtlich der Bedingungen unter denen die verschiedenen Bestandteile in die Berechnung der Kennzahlen einfließen, unterscheiden sich die Kennzahlen jedoch deutlich. Während die Liquiditätskennzahl für den normalen laufenden Geschäftsbetrieb berechnet wird, wird die LCR für ein aufsichtsrechtlich vorgegebenes Stressszenario ermittelt.[92] So ist auch die Anrechenbarkeit der Vermögenswerte bei der Ermittlung der LCR deutlich restriktiver. Der Zähler des Quotienten sinkt dadurch im Vergleich zur Liquiditätskennzahl, während die erwarteten Zahlungsabflüsse, also der Nenner der Kennzahl aufgrund der Berücksichtigung einer Stresssituation bei der LCR-Ermittlung deutlich höher ausfallen.

In der Auswirkungsstudie des Europäischen Ausschusses der Bankenaufsichtsbehörden (Committee of European Banking Supervisors, CEBS) im Jahr 2010 hat sich dementsprechend gezeigt, dass die LCR-Kennzahl für europäische Banken durchschnittlich bei 67 % bei Banken der Gruppe I und 87 % bei Banken der Gruppe II lag, während die Liquiditätskennzahl nach den aktuellen Anforderungen der LiqV bei 100 % oder mehr liegt. Bei den Banken der Gruppe I handelt es sich um Institute, die über ein

---

[91] Vgl. Brzenk, T. / Cluse, M. / Leonhardt, A. (2011), S. 14.
[92] Vgl. Heidorn, T. / Schmaltz, C. / Schröter, D. (2011a), S. 398.

Kernkapital von mehr als drei Milliarden Euro verfügen, international tätig sind und über ein diversifiziertes Geschäftsmodell verfügen.[93] Durch die neue Kennzahl entsteht also zunächst eine Liquiditätslücke, die spätestens bis zum 1. Januar 2015 geschlossen werden muss. Der hierdurch entstehende Liquiditätsbedarf bzw. Bedarf an hochliquiden Aktiva liegt nach dieser Studie bei schätzungsweise 1 Billion Euro. Dieser erhöhte Bedarf wird vermutlich deutliche Auswirkungen auf das Geschäft der Kreditinstitute haben (vgl. Abbildung 5). Auf der anderen Seite kann die Kennzahl natürlich auch dadurch verbessert werden, dass Geschäftstätigkeiten in den Bereichen eingeschränkt werden, die besonders anfällig für kurzfristige Liquiditätsschocks sind.[94]

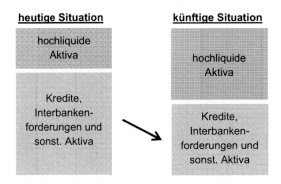

Abbildung 5: Umstrukturierung der Aktivseite durch die LCR
Quelle: Sparkassenverband Baden-Württemberg (2012), S. 8.

Da viele Kreditinstitute die LCR nach den bisherigen Proberechnungen nicht erfüllen, muss zukünftig eine deutliche Erhöhung der hochliquiden Aktiva erfolgen. Aufgrund der restriktiven Anrechenbarkeit zu dieser Kategorie von Vermögenswerten, werden die Kreditinstitute gezwungen sein, ihre Aktivseite deutlich umzustrukturieren. So werden nach aktuellem Stand nur Barmittel, Zentralbankguthaben und Staatsanleihen mit geringem Ausfallrisiko als hochliquide Aktiva (Level 1) anerkannt. Um die LCR einhalten zu können werden Kreditinstitute künftig vermehrt in Staatsanleihen investieren müssen. Besonders dieser Anreiz wird zurzeit äußerst kritisch betrachtet, da hierdurch eine erneute Risikokonzentration stattfinden würde. Zudem nimmt das systemische Risiko im Finanzsektor zu, da die finanzielle Abhängigkeit zwischen Staaten und Banken gesteigert würde. Es wird in diesem Zusammenhang gefordert, dass die Anrechenbarkeit von Vermögenswerten zu den hochliquiden Aktiva realitäts-näher und somit stärker nach ihrer Liquidierbarkeit und der individuellen Risikosituation

[93] Vgl. Committee of European Banking Supervisors (2010), S. 5.
[94] Vgl. Committee of European Banking Supervisors (2010), S. 18.

erfolgen sollte.[95] Da Forderungen an Kunden oder Interbanken-forderungen nicht oder nur zum Teil anrechenbar sind, kann vermutet werden, dass sich diese Positionen mit Einführung des Mindeststandards verringern werden. Aufgrund der gestiegenen Spreads auf die Interbankensätze (vgl. Abschnitt 4.2) werden wahrscheinlich insbesondere die Interbankenforderungen noch deutlich zurückgehen. Zudem wird auch die Nachfrage nach Bankanleihen weiter sinken, denn diese werden im Rahmen der LCR nach jetzigem Stand gar nicht anrechenbar sein.[96] Dies wird wiederum negative Auswirkungen auf die Refinanzierungsmöglichkeiten von Banken haben, die sich zuvor problemlos über die Emission von Anleihen Liquidität beschaffen konnten. Die ohnehin schon erhöhten Konditionen für diese Finanzierungsinstrumente werden dadurch noch weiter steigen. Des Weiteren ist die Anrechenbarkeit von Pfandbriefen noch unklar. Bisher sollen diese nur eingeschränkt und unter hohen Voraussetzungen anrechenbar sein, was vor allem in Deutschland stark kritisiert wird. Denn im Gegensatz zu beispielsweise amerikanischen Pfand-briefen, handelt es sich hierbei in Deutschland um ein sehr beliebtes und vor allem sicheres Finanzinstrument.[97]

Doch auch die Einhaltung der NSFR – sofern sie letztlich als Mindeststandard eingeführt wird – zwingt die Banken zu einer Umstrukturierung ihrer Geschäfte. Auch hier hat die Auswirkungsstudie der CEBS noch erhebliche Defizite aufgezeigt. So lag die Kennzahl bei Banken der Gruppe I im Durchschnitt bei 91 % und bei Banken der Gruppe II bei 94 %.[98] Auch wenn die Differenz zu den anvisierten 100 % laut Auswirkungsstudie hier nicht weit entfernt scheint, so beträgt der geschätzte zusätz-liche Bedarf an stabilen Refinanzierungsmitteln dennoch immerhin 1,8 Billionen Euro.

Die Intention der NSFR ist es, dass langfristige illiquide Vermögenswerte auch langfristig refinanziert werden sollten. Die Fristentransformation der Kreditinstitute soll hiermit also begrenzt werden (vgl. Abbildung 6). Dieses Prinzip erinnert stark an die in Abschnitt 2.2 dargestellte Goldene Bankregel von Hübner. Zudem wird auf diese Weise die Abhängigkeit der Kreditinstitute von der Funktionsfähigkeit des Interbanken-marktes gesenkt werden.[99] Die Bedingung der NSFR gilt nach der Definition als erfüllt, wenn die langfristigen Passiva die illiquiden Aktiva übersteigen. Wie bei der LCR sollte diese Bedingung während eines vorgegebenen Stressszenarios erfüllt werden. Auch die Überlegungen der Bodensatztheorie spielen bei der Ermittlung dieser Kennzahl eine Rolle. So werden kurzfristige Einlagen nicht grundsätzlich aus der Berechnung

---

[95] Vgl. Hofmann, G. (2012), S. 427.
[96] Vgl. Parise, R. / von Nitzsch, R. (2011), S. 42.
[97] Vgl. Frühauf, M. (2010), ohne Seitenangabe.
[98] Vgl. Committee of European Banking Supervisors (2010), S. 18.
[99] Vgl. Schäfer, M. (2011), S. 101.

ausgeschlossen. Sie fließen zu bestimmten Prozentsätzen in die Kennzahl mit ein, da angenommen wird, dass gewisse Bodensätze langfristiger zur Verfügung stehen.[100]

Fraglich ist natürlich, ob eine derartige Einschränkung der von den Kreditinstituten betriebenen Fristentransformation sinnvoll ist. Die Fristentransformation ist eine Kernaufgabe von Banken. Sie ermöglicht langfristige Investitionen und die relativ kurzfristige Verfügbarkeit von Einlagen der Sparer.[101] Durch die Intermediation der Kreditinstitute werden die verschiedenen Kundenwünsche in Hinblick auf Kapital-angebot und -nachfrage zum Ausgleich gebracht. Die üblicherweise durch Kredit-aufnahme langfristig getätigten Investitionen sind zudem ein wichtiger Treiber für das gesamtwirtschaftliche Wachstum.

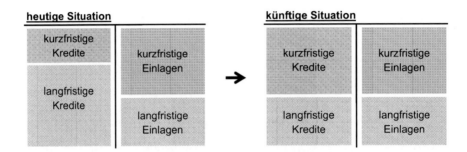

Abbildung 6: Einschränkung der Fristentransformation durch die NSFR
Quelle: Sparkassenverband Baden-Württemberg (2012), S. 11.

Diese Beschränkung in der Fristentransformation der Kreditinstitute könnte z.B. eine selektivere Kreditvergabe zur Folge haben. Banken werden vermutlich dazu neigen, die Laufzeit ihrer Kredite zu verkürzen.[102] Dies könnte durch erhöhte Konditionen bei langfristigen Krediten erreicht werden, was unter anderem Immobilienfinanzierungen betreffen würde. Auf der anderen Seite könnte die NSFR natürlich auch durch eine längerfristige Refinanzierung verbessert werden. Da der Interbankenmarkt sich jedoch nach der Finanzkrise nicht wieder stabilisiert hat, ist diese nur schwer oder zu sehr hohen Konditionen erhältlich.[103]

Die Einführung der neuen Kennzahlen wird zudem den Wettbewerb um vor allem stabile und langfristige Einlagen von Privatkunden noch deutlich verschärfen, da diese beide Kennzahlen positiv beeinflussen. Dadurch, dass dieser Wettbewerb wahrscheinlich über Erhöhungen der Zinsen ausgetragen wird, werden die Zinsmargen für Banken

---

[100] Vgl. Heidorn, T. / Schmaltz, C. / Schröter, D. (2011b), S. 397b.
[101] Vgl. Götzl, S. (2012) , S.38.
[102] Vgl. Macke, H. (2011), S. 1108.
[103] Vgl. Doll, G. / Piaskowski, F. (2012), S. 164.

deutlich sinken. Der Kostendruck im Bankensektor wird also steigen.[104] Außerdem nicht zu vernachlässigen sind die enormen IT-Anforderungen durch die Implementierung der Kennzahlen.[105] Zur Ermittlung der neuen Kennzahlen werden enorme Mengen von Daten benötigt, die im Rahmen der LiqV bisher nicht erfasst wurden.

4.2 Vom Liquiditätsmanagement zum Liquiditätsrisikomanagement

Doch was lässt sich zusammenfassend über die Entwicklung im Umgang mit Liquidität und den damit verbundenen Risiken sagen? Man muss im Bereich des Liquiditätsrisikos grundsätzlich zwei Sichtweisen unterscheiden. Dies ist zum einen die reine Behandlung der Zahlungsfähigkeit eines Kreditinstituts, d.h. die Frage danach, ob das Kreditinstitut in der Lage ist seinen Zahlungsverpflichtungen vollständig und fristgerecht nachzukommen.[106] Eine zweite Betrachtung erfolgt aus Steuerungssicht. Hier steht die Frage nach dem Wert der Liquidität im Mittelpunkt. Wie wirken sich Änderungen der Liquiditätsspreads auf die Refinanzierungskosten bei der Liquiditätsbeschaffung und damit auf das Vermögen der Bank aus? Hierbei spielen sowohl das Refinanzierungsrisiko als auch das Marktliquiditätsrisiko eine Rolle.[107] So können die Kosten für die Liquiditätsaufnahme beispielsweise durch eine Verschlechterung der eigenen Bonität, aber auch aufgrund der Marktgegebenheiten bei gleichbleibender Bonität steigen.

Vor Beginn der Finanzkrise spielte die Betrachtung der Spreads bzw. der Kosten für Liquidität kaum eine Rolle. Banken nutzten bis dahin zunehmend den kurzfristigen Interbankenmarkt oder Märkte für innovative Finanzinstrumente wie z.B. Verbriefungen zur Refinanzierung ihrer langfristigen Aktiva. Die Spreads auf den Interbankensatz tendierten bis zum Sommer 2007 gegen Null. Auch aufsichtsrechtlich wurde dem Liquiditätsrisiko daher wenig Aufmerksamkeit geschenkt. Die vorherrschende Theorie war, dass die Liquidität stets der Bonität folgt. Im Lauf der Finanzkrise hat sich jedoch gezeigt, dass auch Kreditinstitute mit guten externen Ratings in Schwierigkeiten geraten können.[108] Durch den enormen Vertrauensverlust der Banken untereinander kam der Interbankenmarkt mit dem Ausbruch der Finanzkrise nahezu zum Erliegen. Die Liquiditätsspreads stiegen ab 2007 hierdurch enorm an (vgl. Abbildung 7). Auch heute ist der gegenseitige Geldhandel der Banken noch stark eingeschränkt. Trotz des wieder stabilisierten Finanzmarkts halten die Banken ihre Liquidität zurück. Das Spread-Niveau

---

[104] Vgl. Heidorn, T. / Schmaltz, C. / Schröter, D. (2011a), S. 402 und Andrae, S. / Gruber, J. (2012), S. 306 ff.
[105] Vgl. u.a. Gehra, B. / Kunisch, M. / Papritz, M. (2012).
[106] Vgl. Grill, H. / Perczynski, H. (2009), S. 460.
[107] Vgl. Deutsche Bundesbank (2008), S. 60.
[108] Vgl. Schneider, A. (2009).

ist zwar mittlerweile wieder gesunken, aber dennoch auf einem deutlich höheren Niveau als vor der Krise.

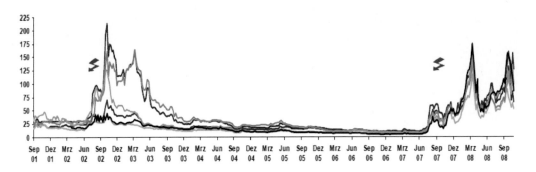

Abbildung 7: Liquiditätsspreads ausgewählter Kreditinstitute[109]
Quelle: Bartetzky, P. (2008), S. 3.

Erst mit der Überarbeitung der MaRisk im Jahr 2009, die auf den vom Baseler Ausschuss 2008 veröffentlichten „Principles for Sound Liquidity Risk Management and Supervision" basierten, wurde das Liquiditätsrisiko als wesentliches Risiko nach AT 1 – Textziffer 2 der MaRisk eingeordnet.[110] Hiernach gilt es zu gewährleisten, „[...] dass genügend internes Kapital zur Abdeckung aller wesentlichen Risiken vorhanden ist [...]". Zudem wird in den überarbeiteten MaRisk nun neben dem Zahlungsunfähig-keitsrisiko als Liquiditätsrisiko im engeren Sinne auch das Refinanzierungsrisiko (insbesondere BTR 3 Tz. 6 und 7) und das Marktliquiditätsrisiko (BTR 3 Tz. 6 und 7) betrachtet. Eine weitere Neuerung stellte die Forderung nach der Früherkennung von sich abzeichnenden Liquiditätsengpässen dar (BTR 3 Tz. 3). Zuvor mussten Institute lediglich Maßnahmen für den Fall eines Liquiditätsengpasses festlegen.[111] Neben den Liquiditätsrisiken sollen nunmehr aber auch die Liquiditätskosten der Kreditinstitute stärker berücksichtigt werden. So zielt BTR 3 Tz. 6 der MaRisk auf die verstärkte Beachtung einzelner Geschäftsaktivitäten unter Liquiditätsgesichtspunkten und somit des Refinanzierungsrisikos ab. In diesem Sinne soll die Entwicklung der Refinan-zierungskosten in Stresssituationen berücksichtigt werden. Mögliche Risiken stellen z.B. eine Verteuerung von Kundeneinlagen aufgrund verstärkten Wettbewerbs und die dadurch entstehenden „Kampfkonditionen", oder auf der anderen Seite erhöhte Spreads bei der Emission eigener Schuldverschreibungen dar.[112]

---

[109] Die verschiedenen Linien repräsentieren verschiedene Banken.
[110] Vgl. AT 2.2 Tz. 1 Satz 4 MaRisk.
[111] Vgl. Ludwig, B. (2010), S. 347-353.
[112] Vgl. Deutscher Sparkassen- und Giroverband (2009), S. 266.

Es hat sich also gezeigt, dass der Wandel vom Liquiditätsmanagement zum Liquiditäts-risikomanagement, also die vermehrte Bedeutung des Liquiditätsrisikos bereits vor der Finanzkrise langsam begonnen hat. Die Finanzkrise weckte jedoch ein erhöhtes Bewusstsein für diese Risikokategorie, wodurch zunächst unabhängig von den aufsichtsrechtlichen Vorgaben auch die betriebswirtschaftliche Notwendigkeit des Liquiditätsrisikomanagements gegeben war. Diese weiterentwickelte Sichtweise trieb weitere Regulierungen voran wie beispielsweise die überarbeiteten MaRisk. Das Liquiditätsmanagement als reine Disposition von Zahlungsmittelzu- und -abflüssen wurde vermehrt um Risikosteuerungsaspekte sowie um eine wertorientierte Sicht des Liquiditätsrisikos ergänzt. Diese Entwicklung lässt sich beispielhaft an den unterschiedlichen Definitionen und Erläuterungen zum Liquiditätsrisiko in den Geschäftsberichten der Jahre 2009 und 2010 der Sparkasse Trier nachvollziehen (siehe Anhang 5). So heißt es im Lagebericht der Sparkasse Trier von 2009, dass sich „Instrumente zur wertorientierten Steuerung des Liquiditätsrisikos [aktuell in der Implementierung befinden]". Grund hierfür war die Novellierung der MaRisk. Interessanterweise fällt bei einem Vergleich der Lageberichte von 2009 und 2010 auf, dass die Sparkasse Trier ihre Definition vom Liquiditätsrisiko deutlich überarbeitet hat. Während im Jahr 2009 das Zahlungsfähigkeitsrisiko tendenziell im Vordergrund stand, hat im Jahr 2010 eine starke Weiterentwicklung zur besseren Beurteilung des Refinanzierungsrisikos stattgefunden. Die nunmehr wertorientierte Betrachtungsweise wird deutlich anhand der Frage nach der Entwicklung der Liquiditätsspreads. Um auch dieses Risiko messen und steuern zu können werden seit 2010 daher zusätzliche Instrumente neben der Ermittlung der Liquiditätskennzahl verwendet. Sowohl die Definition des Liquiditätsrisikos als auch die verwendeten Instrumente werden laut dem Geschäftsbericht 2011 beibehalten.

Zusammenfassend lässt sich also festhalten, dass sich die grundlegenden Ideen und Prinzipien des neuen Baseler Rahmenwerkes in qualitativer Hinsicht bereits in den Methoden der Kreditinstitute wiederfinden. Die nach Basel III geforderten Kennzahlen stellen nun jedoch überwiegend quantitative Anforderungen an die Banken, die wie im vorigen Abschnitt dargestellt wahrscheinlich mit weiteren Änderungen in der Geschäftspolitik und -praxis der Banken einhergehen werden.

5   Fazit

Ob die neuen Regulierungen in der Lage sind, eine weitere Finanzkrise zu verhindern, wird sich erst zeigen. Klar ist, dass diese die aufgetretenen Probleme erkannt haben und die sichtbar gewordenen Fehler der Vergangenheit korrigieren. Welche Probleme jedoch in Zukunft auftreten, und derartige Krisen auf andere Weisen hervorrufen können ist nicht absehbar. Zudem ist nicht genau vorhersehbar, welche Auswirkungen die neuen Regulierungen auf den Finanzsektor haben werden. Zwar behält sich der Baseler Ausschuss aus diesem Grund Anpassungen während der Beobachtungshasen der Kennzahlen vor, durch den knapp vorgegebenen Zeitplan lässt sich jedoch über die Wirksamkeit eines solchen Einschreitens diskutieren. Im September 2011 veröffentlichte das Institute of International Finance (IIF) eine Studie, die die real-wirtschaftlichen Auswirkungen der geplanten Eigenkapital- und Liquiditäts-anforderungen untersucht. Laut dieser Studie ist mit der Umsetzung der Regulierungen ein erheblicher Einbruch des Wirtschaftswachstums, insbesondere in der Eurozone zu rechnen.[113] Während die bisherige LiqV durch ihre Öffnungsklausel auch die Verwendung eigener Liquiditätsrisikomess- und -steuerungsverfahren ermöglichte, ist eine solche Regelung im neuen Rahmenwerk bisher nicht vorgesehen. Kritiker betrachten dies als enormen Rückschritt.[114]

Dem Thema Liquidität wurde nicht immer so große Bedeutung geschenkt wie heute. Erst vor einigen Jahren rückte sie langsam in den Fokus der Regulierung. Neue Refinanzierungsmöglichkeiten über verschiedene Finanzinstrumente wie z.B. Verbriefungen und die geringen Kosten der Liquiditätsbeschaffung am Interbanken-markt schafften die Illusion, dass es sich bei Liquidität um ein unbegrenzt verfügbares Gut handelte. Man beschränkte sich auf die Betrachtung der reinen Zahlungsfähigkeit eines Kreditinstitutes und die Disposition von Zahlungsmittelzu- und -abflüssen. Gerade die Finanzkrise hat jedoch gezeigt, dass auch Liquidität ihren Preis hat und dessen Schwankungen enorme Risiken mit sich bringen können. Als Folge hieraus entwickelte sich eine erweiterte Betrachtung der Liquidität aus Steuerungssicht bzw. eine wertorientierte Betrachtungsweise. Ein erhöhtes Bewusstsein für die mit der Liquiditätsplanung verbundenen Risiken veränderte das Liquiditätsmanagement vermehrt hin zu einem Liquiditätsrisikomanagement. Als Nebenbedingung gilt es hierbei natürlich immer, die Einhaltung der aufsichtsrechtlichen Vorgaben zu gewähr-leisten. Auch diese wurden schnell an die neuen Gegebenheiten angepasst. In qualitativer Hinsicht erfolgte die Bearbeitung bereits mit den Prinzipien des Baseler

---

[113] Vgl. Institute of International Finance (2011), S. 8.
[114] Vgl. Brzenk, T. / Cluse, M. / Leonhardt, A. (2011), S. 13.

Ausschusses bzw. den MaRisk. Überarbeitete quantitative Vorgaben befinden sich momentan im Rahmen des Basel III Regelwerks in der Umsetzung. Dass sich das Liquiditätsmanagement deutlich verändert hat steht letztlich außer Frage. Sich verändernde Gegebenheiten werden jedoch immer wieder Anpassungen notwendig machen. Es bleibt abzuwarten, in welche Richtung sich das Liquiditätsmanagement in Zukunft noch weiterentwickeln wird.

Anhang

Berechnung der Liquiditätskennzahl und der Beobachtungskennzahlen	Anrechnungsbeträge			
	Fristigkeiten: Restlaufzeiten von			
	täglich fällig bis zu einem Monat	über 1 Monat bis zu 3 Monaten	über 3 Monaten bis zu 6 Monaten	über 6 Monaten bis zu 12 Monaten
	Laufzeitband 1	Laufzeitband 2	Laufzeitband 3	Laufzeitband 4
A. Summe der Zahlungsmittel	200	100	80	40
B. Summe der Zahlungsverpflichtungen	160	180	60	80
C. Fristeninkongruenzen (A - B)	+ 40	- 80	+ 20	- 40
D. Positive Fristeninkongruenzen (A > B)	+ 40		+ 20	
E. Bereinigte Fristeninkongruenzen (A. zzgl. positive Fristeninkongruenzen D. des Vorbandes)		140 (100 + 40)	80	60 (40 + 20)
F. Liquiditätskennzahl (A / B) (mindestens 1,0)	1,25			
H. Beobachtungskennzahlen (E / B) (keine Vorgaben der Beobachtungskennzahlen)		0,78	1,33	0,75

Anhang 1: Beispiel zur Berechnung der Liquiditätskennzahl und der Beobachtungskennzahlen

Quelle: Deutsche Bundesbank (o.J./b).

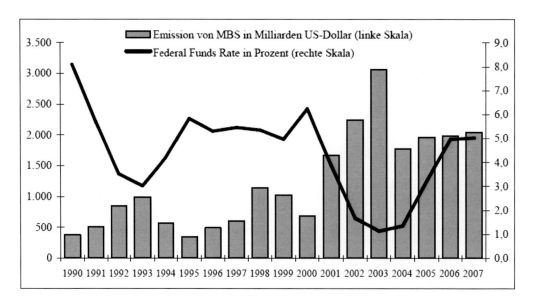

Anhang 2: Entwicklung in der Emission von MBS und des US-Leitzinses

Quelle: Jäger, M./ Voigtländer, M. (2008), S. 5.

ASF-Kategorien (Zähler)		Faktor
1	Eigenkapital Vorzugsaktien, effektive Restlaufzeit (RLZ) ≥ 1 Jahr andere Verbindlichkeiten, effektive RLZ ≥ 1 Jahr	100 %
2	stabile Einlagen von Privatkunden und KMU, effektive RLZ < 1 Jahr	90 %
3	weniger stabile Einlagen von Privatkunden und KMU, effektive RLZ < 1 Jahr	80 %
4	unbesichertes Großkundengeschäft, Einlagen von Nicht-Finanzunternehmen, staatlichen Stellen, Zentralbanken und multilateralen Entwicklungsbanken sowie sonst. öffentlichen Stellen mit effektiver RLZ < 1 Jahr	50 %
5	alle anderen Verbindlichkeiten und Eigenkapitalinstrumente	0 %

Anhang 3: Die ASF-Kategorien und deren Faktoren

Quelle: Eigene Darstellung in Anlehnung an Brzenk, T. / Cluse, M. / Leonhardt, A.

(2011), S. 8.

RSF-Kategorien (Nenner)		Faktor
1	Frei verfügbare Barmittel, Geldmarktinstrumente, Wertpapiere, Kredite an Finanzinstitute, effektive RLZ < 1 Jahr	0 %
2	Frei verfügbare unbelastete Anleihen von Staaten / staatsnahen Organisationen mit 0 % Risikogewicht (KSA) und aktivem Repomarkt, effektive RLZ ≥ 1 Jahr Unwiderrufliche bzw. bedingt widerrufliche Kredit- und Liquiditätsfazilitäten	5 %
3	Unbelastete Unternehmensanleihen oder Pfandbriefe mit hohem Rating und erfüllten Level 2-Kriterien, effektive RLZ ≥ 1 Jahr Frei verfügbare unbelastete Anleihen von Staaten / staatsnahen Organisationen mit KSA-Risikogewicht ≤ 20 und erfüllten Level 2-Kriterien, effektive RLZ ≥ 1 Jahr	20 %
4	Frei verfügbares Gold, bestimmte Aktien und notenbankfähige Wertpapiere mit hohem Rating und hoher Marktliquidität Kredite an Nicht-Finanzunternehmen, Zentralbanken, Staaten / staatsnahen Organisationen, effektive RLZ < 1 Jahr	50 %
5	Hypotheken mit KSA-Risikogewicht ≤ 35 % Sonstige Kredite an Nicht-Finanzunternehmen mit KSA-Risikogewicht ≤ 35 % , effektive RLZ ≥ 1 Jahr	65 %
6	Kredite an Privatkunden und KMU, effektive RLZ < 1 Jahr	85 %
7	Alle übrigen Vermögenswerte	100 %
8	Diverse bedingte (außer-)vertragliche Verpflichtungen	tbd

tbd: zum Teil noch durch nationale Aufsicht festzulegen

Anhang 4: Die RSF-Kategorien und deren Faktoren

Quelle: Eigene Darstellung in Anlehnung an Brzenk, T. / Cluse, M. / Leonhardt, A.

(2011), S. 9.

Geschäftsbericht 2009	Geschäftsbericht 2010
Das Liquiditätsrisiko besteht in der Gefahr, den Zahlungsverpflichtungen zum Zeitpunkt der Fälligkeit nicht nachkommen zu können (Termin- und Abrufrisiko) oder im Falle unzureichender Marktliquidität in einzelnen Produkten nicht oder nicht zu den erwarteten Konditionen kontrahieren zu können (Marktliquiditätsrisiko). Die Sparkasse trägt dem Liquiditätsrisiko durch eine ausreichende Liquiditäts-vorsorge und eine verantwortungsvolle Strukturierung ihrer Aktiva und Passiva Rechnung. Die Planung und Steuerung der Liquidität erfolgt im Rahmen der täglichen Disposition der Zahlungsströme sowie auf Basis der aufsichtsrechtlichen Anforderungen der Liquiditätsverordnung. In regelmäßigen Abständen führt die Sparkasse Simulationsrechnungen über die Entwicklung der Liquiditätskennziffer unter Extrembedingungen durch. **Instrumente zur wertorientierten Steuerung des Liquiditätsrisikos befinden sich aktuell in der Implementierung.**	Das Liquiditätsrisiko besteht in der Gefahr, dass (innerhalb eines zu definierenden Zeitraums) die ausgehenden Zahlungs-ströme größer sind als die eingehenden Zahlungsströme zuzüglich des Bestandes an Zahlungsmitteln (Zahlungsfähigkeits-risiko). Darüber hinaus besteht das Risiko, dass sich das Vermögen oder die GuV der Sparkasse durch eine Veränderung der Liquiditäts-spreads negativ entwickelt (Refinanzierungsrisiko). Im Fall von Liquiditäts-überhängen tritt ein Vermögensverlust durch die Wertminderung der Liquiditätsopportunität bei sinkenden Spreads, im Fall von Liquiditätsbedarf ein Vermögensverlust durch steigende Refinanzierungskosten bei steigenden Liquiditätsspreads auf. **In 2010 wurden ergänzend zur regulatorischen Betrachtung auf Basis der LiqV-Kennzahl Instrumente zur betriebswirtschaftlichen Steuerung des Liquiditätsrisikos eingeführt.** Dabei wird zur Überwachung des Refinanzierungsrisikos ein Liquiditäts-Value-at-Risk-Ansatz verwendet, die Überwachung des Zahlungsfähigkeitsrisikos erfolgt über einen „Survival-Period-Ansatz".

Anhang 5: Vergleich der Definitionen und Einschätzungen zum Liquiditätsrisiko

Quelle: Sparkasse Trier (2009), S. 10 und Sparkasse Trier (2010), S. 10.

Literaturverzeichnis

Abicht, R. / Banh, M. / Vocke-Schöhl, K. / Wöllenweber, C. (2010): Allgemeine Bankbetriebswirtschaft, aktueller Stand November 2010, Frankfurt School Verlag (Hrsg,), Frankfurt am Main.

Andrae, S. / Gruber, J. (2012): Auswirkungen von Basel III auf die Produktpreise (Teil 1) – Für Banken und Kunden könnte es teuer werden, in: Betriebswirtschaftliche Blätter, Ausgabe 06/2012, S. 306-310.

Angermüller, O. (2011): Liquiditätsrisiken: Noch viel zu tun, in: Risiko Manager Nr. 21 vom 13.10.2011, ohne Seitenangabe.

Betge, P. (1996): Bankbetriebslehre, 1. Auflage, Berlin, Heidelberg.

Biro, J. / Krapf, W. / Mayländer, R. (2009): Bankbetriebslehre, 2. Auflage, Braunschweig.

Böhm, R. / Müller, C. / Siegenthaler, C. / Spahr, C. / Ulrich, M. / Wenger, S. (2001): Das Unternehmen aus Sicht der Wirtschaftsinformatik, 2. Auflage, Zürich.

Büschgen, H. E. (1998): Bankbetriebslehre: Bankgeschäfte und Bankmanagement, 5. vollst. überarb. und erw. Auflage, Wiesbaden.

Chmielewicz, K. (1988): Rechnungswesen – Pagatorische und kalkulatorische Erfolgsrechnung, Band 2, Bochum.

Deutsche Bundesbank (2008): Monatsbericht September 2008, 60. Jg. Nr. 9, Frankfurt am Main.

Doll, G. / Piaskowski, F. (2012): Langfristiges Funding in schweren Zeiten, in: Zeitschrift für das gesamte Kreditwesen, Ausgabe 04 vom 15.02.2012, S. 164.

Deutscher Sparkassen- und Giroverband (2009): Mindestanforderungen an das Risikomanagement – Interpretationsleitfaden, Version 3.0 November 2009, Berlin.

Eilenberger, G. (2011): Bankbetriebswirtschaftslehre – Grundlagen – Internationale Bankleistungen – Bank-Management, 8. völlig überarb. Auflage, München.

Fiedler, R. (2008): Vor der Krise: Hochmut vor dem Fall Sub-Prime Krise, Liquiditätsrisiken und die Zukunft der Finanzindustrie, in: Risiko Manager Nr. 10 vom 14.05.2008, ohne Seitenangabe.

Gehra, B. / Kunisch, M. / Papritz, M. / Grasshoff, G. / Möllenkamp, H. (2012): IT-Anforderungen für die kommenden Liquiditätsanforderungen unter Basel III, in: Risiko Manager Nr. 03 vom 02.02.2012, ohne Seitenangabe.

Götzl, S. (2012): Basel III – Gefährdung der Mittelstandsfinanzierung, in: Zeitschrift für das gesamte Kreditwesen 01 vom 02.01.2012, S. 38.

Grill, H. / Perczynski, H. (2009): Wirtschaftslehre des Kreditwesens, 43. Auflage, Stuttgart.

Hartmann-Wendels, T. / Pfingsten, A. / Weber, M. (2010): Bankbetriebslehre, 5. überarb. Auflage, Berlin, Heidelberg.

Hartmann-Wendels, T. / Hellwig, M. / Jäger-Ambrozewicz, M. (2010): Arbeitsweise der Bankenaufsicht vor dem Hintergrund der Finanzmarktkrise, Köln.

Heidorn, T. / Schmaltz, C. / Schröter, D. (2011a): Auswirkungen der neuen Basel-III-Kennzahlen auf die Liquiditätssteuerung: Liquidity Coverage Ratio, in: Zeitschrift für das gesamte Kreditwesen, Ausgabe 08 vom 15.04.2011, S. 397-402.

Heidorn, T. / Schmaltz, C. / Schröter, D. (2011b): Auswirkungen der neuen Basel-III-Kennzahlen auf die Liquiditätssteuerung: Net Stable Funding Ratio, in: Zeitschrift für das gesamte Kreditwesen, Ausgabe 08 vom 15.04.2011, S. 397b.

Hofmann, G. (2012): Die neuen Liquiditätsvorschriften nach Basel III – Nachbesserungen und empirische Fundierung unverzichtbar, in: Zeitschrift für das gesamte Kreditwesen 09 vom 01.05.2012, S. 426-428.

Hübner, O. (1854): Die Banken, Leipzig.

Ketzel, E. / Prigge, S. / Schmidt, H. (2001): Wolfgang Stützel – Moderne Konzepte für Finanzmärkte, Beschäftigung und Wirtschaftsverfassung, 1. Auflage, Tübingen.

Ludwig, B. (2010): Liquiditätsrisikosteuerung unter Berücksichtigung der weiterentwickelten bankaufsichtlichen Regelungen, in: Corporate Finance biz, Heft 6 vom 13.9.2010, S. 347-353.

Macke, H. (2011): Auswirkungen der veränderten Regulatorik auf das Firmenkundengeschäft der Banken, in: Zeitschrift für das gesamte Kreditwesen, Ausgabe 21 vom 01.11.2011, S. 1106-1109.

Moch, N. (2007): Liquiditätsrisikomanagement in Kreditinstituten, 1. Auflage, Köln.

Parise, R. / von Nitzsch, R. (2011): Auswirkungen der europäischen Basel III-Umsetzung auf die Kreditvergabe deutscher Genossenschaftsbanken, in: Zeitschrift für das gesamte Genossenschaftswesen, Sonderheft 2011, Stuttgart, S. 37-52.

Pohl, M. (2008): Das Liquiditätsrisiko in Banken – Ansätze zur Messung und zur ertragsorientierten Steuerung, 1. Auflage, Frankfurt am Main.

Ramke, T. / Schöning, S. (2008): Liquiditätsmanagement: Raus aus dem Schattendasein, rein ins Rampenlicht, in: Bankmagazin, Ausgabe Nr. 2008-08, S.18-20.

Schäfer, M. (2011): Bankenaufsicht zieht Zügel an (Teil II): Die künftigen Liquiditätsvorschriften von Basel III werden noch getestet, in: Betriebswirtschaftliche Blätter, Februar 2011, Nr. 02, S. 101.

Schierenbeck, H. / Lister, M. / Kirmße, S. (2008): Ertragsorientiertes Bankmanagement, Band 2: Risiko-Controlling und integrierte Rendite-/Risikosteuerung, 9. Auflage, Wiesbaden.

Schneider, A. (2009): Beitrag zur Stärkung der Finanzstabilität Lehren aus der Krise - die neuen MaRisk, in: Risiko Manager Nr. 17 vom 20.08.2009, ohne Seitenangabe.

Sparkasse Trier (2009): Geschäftsbericht 2009.

Sparkasse Trier (2010): Geschäftsbericht 2010.

Stober, R. (Hrsg.) (2007): Deutsches und internationales Wirtschaftsrecht: Grundzüge des Wirtschaftsprivat-, Wirtschaftsverwaltungs- und Wirtschaftsstrafrechts, 1. Auflage, Stuttgart.

Terliesner, S. (2011): Regulierung: G20 verordnen Schrumpfkur, in Bankmagazin Ausgabe Nr. 01/2011, S. 8-14.

Wagner, A. (1857): Beiträge zur Lehre von den Banken, Leipzig.

Verzeichnis von Internet-Quellen

Banh, M. / Cluse, M. / Neubauer, P. (2011): Richtlinie, Verordnung und Single Rule Book – Die europäische Umsetzung von Basel III, Deloitte & Touche GmbH Wirtschaftsprüfungsgesellschaft (Hrsg.), White Paper No. 46, Stand vom 10.10.2011, Online im Internet unter URL: http://www.deloitte.com/assets/-Dcom-Germany/Local%20Assets/Documents/09_Finanzdienstleister/-2010/WP_46_CRD_IV_20111010.pdf.

Bartetzky, P. (2008): Liquiditätsrisikomanagement – Ein altes Thema neu entdeckt, Online im Internet unter URL: http://www.trisolutions.de/-downloads/vortraege/Liqui-PMIM_081114.pdf [29.05.2012].

Basel Committee on Banking Supervision (2008): Principles of Sound Liquidity Risk Management and Supervision, September 2008, Online im Internet unter URL: http://www.bis.org/publ/bcbs144.pdf.

Basel Committee on Banking Supervision (2010): Basel III: Internationale Rahmenvereinbarung über Messung, Standards und Überwachung in Bezug auf das Liquiditätsrisiko, Dezember 2010, Online im Internet unter URL: http://www.bis.org/publ/bcbs188_de.pdf [20.05.2012].

Brzenk, T. / Cluse, M. / Leonhardt, A. (2011): Die neuen Baseler Liquiditäts-anforderungen, Deloitte & Touche GmbH Wirtschaftsprüfungsgesellschaft (Hrsg.), White Paper No. 37, aktualisierter Stand vom 06.01.2011, Online im Internet unter URL: http://www.deloitte.com/assets/Dcom-Germany/Local%20Assets/Documents/09_Finanzdienstleister/2010/WP37_Baseler_Liqui ditaetsanforderungen_21022011_final.pdf [12.05.2012].

Bundesanstalt für Finanzdienstleistungsaufsicht (2012a): Die BaFin stellt sich vor, Online im Internet unter URL: http://www.bafin.de/SharedDocs/Downloads/DE/Broschuere/dl_b_bafin_stellt_sich_vor.pdf?__blob=publicationFile [19.04.2012].

Bundesanstalt für Finanzdienstleistungsaufsicht (2012b): Konsultation 1/2012 - Überarbeitung der MaRisk, 26. April 2012, Online im Internet unter URL: http://www.bafin.de/SharedDocs/Veroeffentlichungen/DE/Konsultation/2012/kon _0112_ueberarbeitung_marisk_ba.html [13.06.2012].

Cluse, M. / Leonhardt, A. / Zakowski, D. (2011): Basel III in der EU: Die Implementierung der Baseler Liquiditätskennzahlen, Deloitte & Touche GmbH Wirtschaftsprüfungsgesellschaft (Hrsg.), White Paper No. 47, Stand vom 10.10.2011, Online im Internet unter URL: http://www.deloitte.com/assets/Dcom-Germany/Local%20Assets/Documents/09_Finanzdienstleister/2010/WP_47_Liqui_CRDIV_20111010_final.pdf.

Committee of European Banking Supervisors (2010): Results of the comprehensive quantitative impact study, 16.12.2010, Im Internet unter URL: http://www.eba.europa.eu/cebs/media/Publications/Other%20Publications/QIS/EU-QIS-report-2.pdf.

Deutsche Bank (o.J.): Liquiditätsrisiko Deutsche Bank-Konzern (ohne Postbank), Online im Internet unter URL: http://www.deutsche-bank.de/ir/de/content/liquiditaetsmanagement.htm [30.04.2012].

Deutsche Bundesbank (2011): Basel III – Leitfaden zu den neuen Eigenkapital- und Liquiditätsregeln für Banken, 24.08.2011, Online im Internet unter URL: http://www.bundesbank.de/Redaktion/DE/Downloads/Veroeffentlichungen/Buch _Broschuere_Flyer/bankenaufsicht_basel3_leitfaden.pdf?_blob=publicationFile.

Deutsche Bundesbank (o.J./a): Liquidität, Online im Internet unter URL: http://www.bundesbank.de/Navigation/DE/Kerngeschaeftsfelder/Bankenaufsicht /Liquiditaet/liquiditaet.html [19.04.2012].

Deutsche Bundesbank (o.J./b): Berechnungsbeispiel, Online im Internet unter URL: http://www.bundesbank.de/Redaktion/DE/Downloads/Kerngeschaeftsfelder/Ban kenaufsicht/Informationen_Merkblaetter/beispiel_zur_berechnung_der_liquidita etskennzahl_und_der_beobachtungskennzahlen.pdf?__blob=publicationFile [18.04.2012].

European Banking Authority (o.J.): About us, Online im Internet unter URL: http://www.eba.europa.eu/Aboutus.aspx [20.05.2012].

Frühauf, M. (2010): Hohe Hürde für den Pfandbrief, 17.09.2010, Online im Internet unter URL: http://www.faz.net/aktuell/finanzen/anleihen-zinsen/basel-iii-hohe-huerde-fuer-den-pfandbrief-1593426.html [15.06.2012].

Institute of International Finance (2011): Interim Report on the Cumulative Impact on the Global Economy of Proposed Changes in the Banking Regulatory Framework, Washington D.C., 06.09.2011, http://www.iif.com/press/ press+203.php [17.06.2012].

Jäger, M./ Voigtländer, M. (2008): Hintergründe und Lehren aus der Subprime-Krise, Juli 2008, Online im Internet unter URL: http://www.iwkoeln.de/de/studien/iw-trends/beitrag/53619?highlight=hintergr%25C3%2583%25C2%25BCnde%252B sub-prime [20.06.2012].

o.V. (2010a): Neue Anforderungen an das Risikomanagement: Geschäftsstrategie und Liquidität im Fokus, 15.12.2010, Online im Internet unter URL: http://www.pwc.de/de/pressemitteilungen/2010/neue-anforderungen-an-das-risikomanagement.jhtml [08.05.2012].

o.V. (2010b): Basel III: Strengere Kapitalvorschriften für Banken. 20.09.2010, Bundesministerium der Finanzen (Hrsg.), Online im Internet unter URL: http://www.bundesfinanzministerium.de/Content/DE/Standardartikel/Service/Ein fach_erklaert/2010-09-17-Basel3.html [24.04.2012].

o.V. (2012): Baseler Ausschuss, Online im Internet unter URL: http://www.bafin.de/DE/Internationales/GlobaleZusammenarbeit/BaselerAussch uss/baselerausschuss_artikel.html [19.04.2012].

Sparkassenverband Baden-Württemberg (2012): Auswirkungen der Basel III-Umsetzung auf EU-Ebene aus Sicht der Sparkassen und Genossen-schaftsbanken, Stand Februar 2012, Im Internet unter URL: http://www.sv-bw.de/presse/pressemitteilungen/Basel_III/Infopr__sentation_zu_Basel_III.pdf.

Wagner, C. / Weber, M. (2011): Basel III – weitreichende Implikationen für die deutsche Bankenlandschaft, Ernst & Young Inside Sonderausgabe August 2011, Online im Internet unter URL: http://www.ey.com/Publication/ vwLUAssets/Newsletter_Inside,_August_2011_Sonderausgabe/$FILE/Inside%2 0Sonderausgabe%20-%20August%202011.pdf.